歴博フォーラム

占領下の民衆生活

総合展示第6室〈現代〉の世界2

国立歴史民俗博物館＋原山浩介　編

東京堂出版

国立歴史民俗博物館　総合展示第６室〈現代〉

「占領下の生活」コーナー

●展示室の頭上に見上げるＢ 29 の模型（歴博所蔵）

〈本書・付録 12 参照〉

①

②

③

④

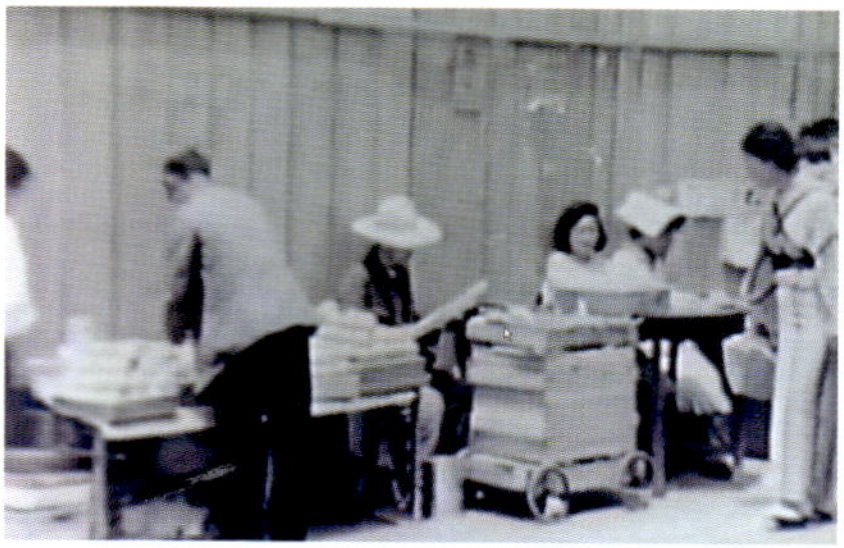

⑤

①町はずれで、トラックからこぼれ落ちたトウモロコシを拾っている人たち（東京）
②市電に乗り込む人びと（大阪・梅田）
③果物や缶詰が並ぶ露店（東京）
④屋外に設けられたパチンコ（京都）
⑤道路脇に並ぶ露店（京都）
※いずれも1945年12月28日から1946年5月15日までの間の撮影。なお、このキャプションは、アメリカ公文書館の目録を参考に作成した。

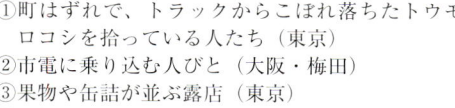

●闇市の再現。５つのシーンをおさめた。
（歴博所蔵）〈付録３－情景①～⑤参照〉

●占領軍のカメラがとらえた終戦直後の日本の様子
（The U.S.National Archives and Records Administration 所蔵）〈付録３－情景⑥参照〉

●警察予備隊のパンフレット
（歴博所蔵）〈付録 14 参照〉

●私鉄総連「再軍備反対」のポスター
（歴博所蔵）〈付録 15 参照〉

●特集展示室に再現された外国人特派員の部屋（歴博所蔵）〈付録 18 参照〉

目次

歴博フォーラム　占領下の民衆生活

占領下の民衆生活

占領下の民衆生活

《**編集協力**》

鵜飼恵里香……テープ起こし、編集構成
岡崎健二………装丁・レイアウト

《**挿図・写真**》

本書収録の写真については、特に断わりが無い限り、すべて国立歴史民俗博物館所蔵のものです。

趣旨説明

展示「占領下の民衆生活」の基本的視点

原山浩介　国立歴史民俗博物館

本日は「占領期の民衆生活」をテーマにシンポジウムを行います。[1] 占領期という時代は、ある意味では焦点を結びにくい時代です。たとえば、戦時期とか高度経済成長期といったくくり方と比べた時に、変化の大きい占領期はいささか拡散気味のイメージになってきます。また当然ながら、戦争の時代、あるいはその後の戦後社会の形成とも非常に深い関わりを持っている、時代の大きな転換点でもあります。この複雑な時代を、民衆生活を起点にしつつ、いくつかの角度から見直してみるというのが、今日の大きな課題になります。

このフォーラムは、二〇一〇年三月に開室を予定しています国立歴史民俗博物館の新しい展示室、第6展示室〈現代〉の開室を見据えながら、現代という時代、なかでも今回は「占領期の生活」のコーナーを念頭に置きつつ議論をいたします（以下、後掲現代展示室テーマ一覧を参照）。ちなみに〈現代〉展示に関わるフォーラムは、現在までに二回実施しておりまして、[2] 今日が三回目、そして来る一二月には四回目を計画しています。それぞれのフォーラムでは、展示構成の大きな括りでテーマを設定し、

(1)第七一回歴博フォーラム「占領下の民衆生活」（主催・国立歴史民俗博物館、開催日・二〇〇九年一〇月一七日、会場・同館講堂）。

(2)第六九回歴博フォー

研究者、識者の方々の講演や討論を通じて、展示の考え方や方向性を皆さまとともに考えていくというスタンスをとっております。

展示室につきましては、目下、開室に向けた準備を進めているところです。展示の内容は、現段階では次のような構成になる予定です。

まず、戦争の終結がどのように人びとに受け止められたのかを展示する「①戦争の終わり」、そして食糧不足に苛まれた日本列島の様子を示す「②占領期の食糧事情と農村社会」「③焼跡・闇市と人びとの生活」と続きます。このうち、②では、農地改革や農村の民主化のみならず、満州開拓から引揚げてきた人びとによる戦後開拓にも焦点をあて、戦時とのつながりを意識したいと考えています。また③では、闇市時代の生活模様を手記などから取り上げ、人びとの生活の中で闇市がどのような意味を持っていたのかということにも目配りしたいと考えております。さらにこの後に続く、「④民主化とタケノコ生活」では、日本国憲法の制定に代表される戦後の民主化のなかでの、婦人参政権の付与を糸口にしながら、生活と政治がどのような連関を持つようになっていくのかを展示します。その上で、「⑤占領政策の転換」「⑥終わらぬ戦後」のなかで、冷戦構造に規定されて占領政策が、あるいは日本の社会がどのような変化を遂げていくのかを見通して、占領期のコーナーを締めくくる予定です。

お聞きいただいておわかりになるかと思いますが、全体として、生活史をベースにした展示を構想しております。この生活史というのは、政治や経済の動向と決して無

ラム「高度経済成長と生活変化」(二〇〇九年六月二〇日、一橋記念講堂)、第七〇回歴博フォーラム「戦争と平和」(二〇〇九年八月一日、東商ホール)、さらに第七三回歴博フォーラム「戦後日本の大衆文化」(二〇〇九年一二月一九日)と本フォーラムと併せて計四回を開催。

◆歴博　総合展示第6展示室「現代」のテーマ

大テーマⅠ　戦争と平和

〈中テーマ〉　〈小テーマ〉

1. 膨張する帝国
   - ①日清戦争・日露戦争
   - ②満州事変から日中戦争へ
   - ③帝国内の「人」の移動
2. 兵士の誕生
   - ①軍隊のシステム
   - ②入営と見送る人びと
   - ③軍隊の日課
3. 銃後の生活
   - ①勤労奉仕・軍事援護
   - ②慰霊と顕彰
4. 戦場の実相
   - ①中国戦線
   - ②対米英戦
   - ③〝決戦〟下の国民生活
   - ④大量殺戮の時代―沖縄戦と原爆投下―
5. 占領下の生活
   - ①戦争の終わり
   - ②占領期の食糧事情と農村社会
   - ③焼跡・闇市と人びとの生活
   - ④民主化とタケノコ生活
   - ⑤占領政策の転換
   - ⑥終わらぬ戦後

大テーマⅡ　戦後の生活革命

〈中テーマ〉　〈小テーマ〉

1. 高度経済成長と生活の変貌
   - ①産業化する日本列島
   - ②公害列島日本と人びとの暮らし
   - ③家庭電化と都市型生活
   - ④消費社会化と生活変化
2. 大衆文化からみた戦後日本のイメージ
   - ①喪失と転向としての戦後
   - ②冷戦としての戦後
   - ③民主主義としての戦後
   - ④中流階級化としての戦後
   - ⑤忘却としての戦後

縁ではありません。つまり、生活史とは、単に個人的な生活の歴史を描くということではなく、各々の経験のなかに折り重なっている、ある時代や社会を読み解いていこうという、いわば歴史を把握する際のスタンスでもあります。とくに占領期という時代は、農地改革であるとか、あるいは預金封鎖、物不足、その中での闇市の勃興というようなかたちで、大きな政治や経済の流れが、人びとの生活の中に深く刻み込まれた時代であったといえます。言葉を換えれば、生活を語ることが、そのまま政治を語ることにつながってしまうような性格をもつ時代ということになります。

この後、基調講演をいただきます成城大学の浅井良夫さんには、この時代のもっていた意味を、戦後改革や戦後インフレといった、大きな枠組みとの連関からお話いただきます。その上で、三人の先生方にコメントをいただきます。まず、東京家政学院大学の天野正子さんには、主に家庭生活、あるいは女性の生活を含む生活史の角度からこの時代を議論いただくのですが、とりわけ戦後、一九五〇年代以降の日本における家庭生活の作られ方を念頭に置きながら、この時代がどういう意味を持った時代だったのかをお話しいただきます。信州大学の大串潤児さんには、この大きな構造変換の時代を見る上で、「民衆生活」をベースにしたときにどういう論点があり得るのかを、研究史を交えながらご報告いただきます。そして最後に千葉大学の趙景達さんには、在日朝鮮人という角度から見た時に、占領期、あるいは占領期を挟んだ時代というのが一体どういう時代だったのかということをめぐり、とりわけ庶民の、決して裕福ではない人びとの暮らしを切り口にしながら、コメントをいただきます。

ところで、最後にいただくコメントで、在日朝鮮人の話が出てまいります。このテーマを糸口にしたとき、議論は、在日朝鮮人そのものをめぐるものだけでなく、戦時の日本と朝鮮の関わり、占領下におけるＧＨＱの政策の変容、南北分断と朝鮮戦争ならびにそれらを覆った冷戦構造、といった広がりをもっていきます。そうした論点の広がり――もちろんその全てを今日の短い時間で網羅するのは無理でしょうが――を垣間見た上で、パネルディスカッションに入るという形をとりたいと思います。

本日のフォーラム、あるいは来年三月に開きます第6展示室の占領期の展示コーナーもまた、占領期とはどんな時代であったのかということをめぐって、一言で言い表すような、一義的な解釈を提示するようなものにはならないだろうと思いますし、そもそもそういうことができる時代ではないだろうと考えられます。混沌とした状況の中に、様々な政治性や経済事情、そしてそれまでの戦争やその後の冷戦構造が渦巻いている時代、それゆえ様々な角度から多様に読み込むことができるのがこの時代ということになろうかと思います。

したがいまして、三月に展示室が開きました折には、皆様にご来館いただいて、展示を前に、この時期に起こった事件、生活模様、政治の動きなどを見つめながら、どういう時代像、どういう歴史観が作っていけるのか、お越しいただいた方お一人お一人に考えていただきたいと思っています。そして私たちも、展示室が開いた折には、皆さまの声をお聞きしながら、どういう時代の語り方があるのかをさらに考えていくことができればと思います。

本日のフォーラムを、展示ができた後、これから来館される皆さんと、私たちとで行っていく、そうした共同作業の予行演習のような場にできればと思います。

基調報告

戦後改革と占領期の日本社会

―「占領革命」のバランスシート―

浅井良夫　成城大学教授

はじめに

(1) 戦後改革とは

ただいまご紹介頂きました成城大学の浅井でございます。戦後日本経済史が専門です。本日は、二〇一〇年春にオープンする展示の宣伝を兼ねて、フォーラム「占領下の民衆生活」を開催するということで、「戦後改革と占領期の日本社会」のテーマで話すようにとの依頼を受けました。拙い報告ですが、一時間ほどお付き合い願います。

日本は、一九四五年(昭和二〇)八月末から五二年(昭和二七)四月末まで、六年八ヵ月にわたり、連合国軍の占領下に置かれました。占領期にGHQ/SCAP(連合国最高司令官総司令部。以下、GHQと略す)のイニシアティブで行われた諸改革を戦後改革と呼ぶことは、すでにご承知かと思います。[1]

(1)連合国による占領で

占領期には、数多くのドラスチックな改革が実施されました。まず、占領開始から一ヵ月あまり後の一九四五年一〇月一一日に、マッカーサー司令官は、婦人参政権の付与、労働組合の結成促進、教育の自由主義化、秘密警察等の廃止、経済制度の民主化の「5大改革指令」を発しました。これを機に、様々な分野で改革が怒涛のごとく始まりました。何と言っても最大の改革は、国家の背骨である憲法が、天皇主権原理（大日本帝国憲法）から国民主権原理（日本国憲法）へと一新したことでしょう。経済面では、農地改革、財閥解体・独占禁止、労働改革の三大改革を初めとする諸改革が実施されました。政治制度の改革では、貴族院の廃止、内務省の解体、地方自治法の制定などが挙げられます。また、社会面では、社会保障改革（生活保護法、児童福祉法、知的障害者福祉法の制定）、民法改正（家制度の廃止など）、教育基本法の制定、六三義務教育制の実施などが主な改革です。また、帝国陸海軍が解体され、徴兵制が廃止されました（後掲年表参照）。

これらの戦後改革について、いちいち触れることは、限られた時間内ではとても不可能です。そこで、本日は、戦後改革が人々の生活に与えた影響の一端を、お話しさせて頂こうと考えました。

(2) 生活者の目線に立つ最近の研究動向

従来は、歴史といえば、国家のリーダーを主役とする政治史・外交史や、経済活動

あるが、占領政策を立案・実施したのは主としてアメリカであった。

の全体的な変化を解明する経済史が主流でしたが、最近の歴史研究は、社会史や文化史など、一般の人々の生活や思想をミクロ的に論じる歴史学に重点が移っています。

そうした変化は、占領史研究にも及んでおります。たとえば、アメリカにおける日本近現代史研究の大家であるジョン・ダワーさんが書いた二冊のベストセラー、『吉田茂とその時代』[2]と『敗北を抱きしめて』[3]を比較する時に、そうした変化を強く感じます。ダワーさんは、一九七九年に出版された『吉田茂とその時代』においては、政治・外交面から、吉田茂を中心に明治から戦後までの日本近現代史を書きました。ところが、一九九九年に出版され、アメリカでピュリッツアー賞(一九九九年、一般ノンフィクション部門)も受賞した『敗北を抱きしめて』では、これとは対照的に、庶民の目から占領を生きいきと描いております。

一九三八年生まれのダワーさんの次の世代のアメリカの日本史研究者に、アンドルー・ゴードンさん(一九五二年生まれ)がおられます。ゴードンさんは、労働や消費に関する研究を精力的に行い、生活者の目線から日本近現代史を描こうとしています。著書、論文の中で、ゴードンさんは、「貫戦期」「貫戦史」という表現を用いて、アジア・太平洋戦争を通じて日本人の生活スタイルが変わらなかった面を強調しています。

最近出版された『日本の二〇〇年』[4]では、「第二次大戦が終わってから最初の一〇年間ほどのあいだは、社会構造と人々の生活の本質的特徴は、ほぼ一九二〇年代から

---

(2)原著は、John W.Dower, *Empire and Aftermath: Yoshida Shigeru and the Japanese Experience, 1878-1954*, Harvard University Press, 1979. 邦訳、ジョン・ダワー(大窪愿二訳)『吉田茂とその時代』TBSブリタニカ、一九八一年(中公文庫、一九九一年)。

(3)原著は、John W.Dower, *Embracing Defeat: Japan in the Wake of World War II*, W.W.Norton & Company, 1999. 邦訳、ジョン・ダワー(三浦陽一、高杉忠明、田代泰子訳)『敗北を抱きしめて』岩波書店、二〇〇一年。

五〇年代にまたがる貫戦期のそれらと、多くを共有していた」（下巻、五三二頁）と述べ、戦後の復興期と、昭和恐慌期・戦時期との連続性に着目しています。

ゴードンさんは、占領期よりも、むしろ一九六〇年代に大きな変化を見出しており、占領改革にはあまり重きを置いていません。[5]論文「消費、生活、娯楽の『貫戦史』」のなかでゴードンさんは、「戦後秩序の重要な要素は占領改革の産物と考えられがちだが、『貫戦期』を長くとるにせよ短くとるにせよ、実際には、戦前・戦中・戦後の時代を通じて、恐慌や戦争そして復興と急速に続いた出来事に対応して作られ、また実現されていったものだ」と主張しています。[6]

たしかに、この時代を経験した人であれば――私自身もその一人ですが――一九五九年（昭和三四）のミッチーブームから、一九六四年（昭和三九）の東京オリンピックにかけての時期に、一般の人々の生活が激変したことを、自分自身の体験を通じて理解しているでしょう。一九五〇年代後半に、「三種の神器」（白黒テレビ、電気洗濯機、電気冷蔵庫）の家電ブームが起きましたが、一九五九年においても、テレビの普及率は非農家世帯で二三・六％、農家世帯で三・四％、電気洗濯機の普及率は非農家世帯で三三・〇％、農家世帯で六・八％にすぎませんでした。上下水道も完備していませんでした。上水道（簡易水道、専用水道を含む）の普及率は一九五九年には四八・六％と、五割に達していませんでした。主要幹線道路以外の道路は舗装されておらず、雨が降ると、道はいつもぬかるんでいました。一九五六年に世界銀行借款《しゃっかん》の予

（4）原著は、Adnrew Gordon, *A Modern History of Japan: From Tokugawa Times to the Present*, Oxford University Press, 2003. 邦訳は、アンドルー・ゴードン（森谷文昭訳）『日本の二〇〇年　徳川時代から現代まで』みすず書房、二〇〇六年。

（5）中村政則も、ゴードンとはやや意味合いが異なるが、「貫戦史」という捉え方をしている（『戦後史』岩波新書、二〇〇五年）。

（6）倉沢愛子ほか編『岩波講座　アジア・太平洋戦争』6、岩波書店、二〇〇六年、一二四頁。

備調査のために日本を訪れたワトキンス調査団が、日本の道路は工業国の中で最悪であると報告書に記したことは有名です。

（3）「占領革命」は人々の生活を変えなかったのか？

　生活者の目線に立つ姿勢には、私も共感を覚えますが、ゴードンさんの主張するように、戦後改革は人々の生活にそれほど大きな影響を与えなかったのでしょうか？　この点に、私は疑問を持ちます。

　ＧＨＱのスタッフであったセオドア・コーエンは、『日本占領革命』[7]のなかで、日本占領は革命であったと述べています。革命には、さまざまな定義があるでしょうが、私は、旧政権と新政権の間に大きな断絶があり、かつ、経済的特権や所有権の否定にまで踏み込む大胆な改革を伴うのが革命だと考えます。フランス革命による封建的諸特権と王政の廃止、ロシア革命による帝政崩壊、土地と企業の公有・国有化などが、そうした根底的な改革に該当します。明治維新も、士族の身分的特権を剥奪《はくだつ》し、士族の家禄《かろく》を廃止した（一八七六年秩禄処分《ちつろくしょぶん》）のですから、革命といってもよいかも知れません。こうした大きな変革は、ひとつの権力が崩壊し、別の権力に取って代わられる際のダイナミズムを示しています。たんなる政権交代では、こうしたドラスチックな改革は行われません。

　さて、戦後改革は革命と呼べるような改革だったのでしょうか？

（7）セオドア・コーエン（大前正臣訳）『日本占領革命：ＧＨＱからの証言』ＴＢＳブリタニカ、一九八三年。英語版の方が後で出版された。Theodore Cohen, *Remaking Japan; The American Occupation as New Deal*, Free Press, 1987. コーエンは、ＧＨＱ経済科学局労働課長、経済計画顧問をつ最近の歴史研究では、戦後改革は、ＧＨＱによって突然に上から実施されたわけではなく、一九二〇年代（大正期）から徐々に始まっていた変化の締めくくりにすぎないとする見解が強くなっています。

これらの歴史実証研究は、ゴードンさんの「貫戦史」的な見方を裏付けているように見えます。たとえば、農地改革を例にとれば、一九二六年（大正一五）に自作農創設維持政策が始まり、政府はこの頃から、農業生産の中心的担い手を、地主ではなく、自作農に求めるようになります。(8)昭和恐慌で荒廃した農村の建て直しの担い手として期待されたのは「自小作中堅」でした。さらに日中戦争以後の戦時期になると、食糧増産が緊急の課題となりましたが、政府は自作農を優遇して生産意欲を刺激し、生産を拡大しようとしました。こうした変化のなかで、地主は政府から次第に冷遇されることになり、小作料は低く抑えられるようになりました。一九三〇年代まで収穫物の五割以上の高い水準にあった小作料は、一九四三年（昭和一八）には四割以下にまで低下し、農地改革を待たずして、地主の経済的基盤は崩壊し始めました。

地主制が長い時間をかけて次第に衰退していったのは事実であり、それを私は否定するつもりはありません。しかし同時に、空洞化しながらも地主的土地所有が農地改革まで強固に続いたことを軽視すべきではないと思います。農地改革に至るまで、政府は地主の土地所有に手を触れようとはしませんでした。小作地率（全国農地のうち小作地の割合）は、一九四五年八月においても、地主制の全盛期であった明治末期か

とめ、ＧＨＱのなかでは改革にもっとも積極的な人々に属した。

(8)政府が小作農に対して、小作地を購入する資金を低利で貸し付けることによって、自作化を促進しようとした政策。農地の強制買収ではなく、地主が売却する意思がある場合に買収が限られたために、自作化の効果は小さかった。

ら大正初期と同じ水準にありました。マッカーサーの「農地改革指令」（一九四五年一二月九日）によって、はじめて、農地の強制買収が実現し、耕作地の広範な再分配が実施されたのです。(9)

所有権の尊重は、近代国家の原則ですから、土地の強制的な買収はいわば「禁じ手」であります。農地改革は、「禁じ手」を使った「革命的」な施策であったと言っても過言ではありません。財閥解体も同様です。さらに、資産家を一朝のうちに没落させた財産税も、所有権に踏み込んだ大胆な政策でした。本日の講演では、まず最初に資産家の没落をもたらした諸改革について見たいと思います。

占領期に使われたもう一つの「禁じ手」は、大規模なインフレでした。「一国の経済を崩壊させるには貨幣を堕落《だらく》させるのが一番である」というレーニンの有名な言葉があります。貨幣を堕落させるとは貨幣価値をいちじるしく損なうこと、すなわちインフレにすることです。占領初期において、激しいインフレが起きました。しかし、この時にインフレを引き起こしたのは、占領軍ではなく、日本政府でした。レーニンが言うように、インフレが一国の経済を破滅に追いやるのであれば、日本政府は自殺行為を行ったことになります。占領期のインフレがもたらした影響について、第二に、お話したいと思います。

また、戦争によって被害を受けた外国や外国人に対して敗戦国が損害を補償することは国際ルールとなっています。戦勝国から課せられた巨額の賠償金は、経済に破壊

(9)第一次農地改革の法案は、日本政府がみずから準備したものであったが、議会の反対が強く、否決されそうになった。法案可決を後押ししたのがマッカーサー指令であった。

的な作用を及ぼしかねません。日清戦後の中国や第一次大戦後のドイツに、そうした前例を見出すことができます。また、国家間の賠償だけでなく、第二次大戦後は、個人に対する補償も問題になって来ました。さらに、国内の戦争被害者に対する補償の問題もあります。こうした戦後処理の問題にどのように対処したのかを、最後に見てゆきます。

以上のような構成で、「占領革命」のいわばバランスシートのようなものを示すことを通じて、占領が人々の生活に与えた経済的影響の大きさを明らかにしたいと考える次第です。

1　資産家の没落：農地改革・財閥解体・財産税

戦後改革は、資産家層の全面的な没落をもたらしました。「資産家」とは、たんに、多額の金融資産と不動産を所有する「お金持ち」を意味するだけではありません。社会的にも、政治面でも重要な位置を占め、世間の尊敬の対象でもあった人々であり、「名望家」とも呼ばれます。

明治国家は、中央においては旧華士族、農村においては地主、地方都市においては伝統的な商家や旧士族といった「名望家」によって支えられた国家でした。「名望家」は、戸長《こちょう》、町村長、町村議員として地方政治を担うとともに、農業技術の改良、衛生の改善、教育の普及、インフラ（道路や橋など）の整備などに尽力しました[10]。こうした「名望家」体制は、日清戦争後に確立しましたが、その後一九二〇年代から三〇年代に動揺し、戦後改革によって崩壊しました。

フランス革命以後の近代を、個人が中心の時代と考えるのは誤りです。「砂のごとき個人」と形容されるような、地縁・血縁的つながりが希薄な大衆社会が形成され始めたのは、西欧においても第一次大戦後のことです。一九世紀はヨーロッパでも、「名望家」でもある資産家が地域の社会秩序の柱でありました。

「名望家」には、農村の地主、財閥や伝統的商家などの都市の商工業者、旧公卿《くぎょう》や大名である華族などがいましたが、それらのほとんどすべてが、農地改革、財閥解体、華族制度の廃止などの戦後改革と、多額の資産を持つ者に課された財産税によって没落しました[11]。

(1) 農地改革

最初に、農地改革の影響から見て行きましょう。

農地改革は、小作地の強制買収を行った点で、画期的な改革でした。地主の所有する小作地は、不在地主の場合は全部、在村地主の場合は一町歩を除いてすべて強制買収されました[12]。地主というと、大地主をイメージしがちですが、実際には多様でした。自分の所有地をすべて小作人に貸して、小作料と、金融資産の果実である配当や

(10) 農村の名望家については、筒井正夫「農村の変貌と名望家」坂野潤治ほか編『シリーズ日本近現代史』2、岩波書店、一九九三年、が全体像を明かにしている。

(11) 広田四哉「旧資産階級の没落」中村政則ほか編『戦後日本―占領と戦後改革』第2巻、岩波書店、一九九五年は、戦後改革期の資産家の没落を包括的に叙述した唯一で、また、すぐれた論文である。本稿の執筆に際しても、参考にさせて頂いた。

(12) 一九四六年一〇月公布の農地調整法改正と

利子で生活していた寄生地主もいれば、自分の土地を耕作しつつ、一部分は小作人に貸し出していた小規模な耕作地主もいました。大地主とされるのは五〇町歩以上地主であり、小作料だけで生活できるためには、地域によっても異なりますが、少なくとも五町歩から一〇町歩は必要でした。大地主はごく一握りにすぎず、数の上では、小規模な耕作地主が圧倒的に多かったのです(13)（表1）。

農地改革の実績を見ますと、農地買収面積は全部で一九四万ヘクタール、総小作地の八三・二％が解放されました。買収の対象となった者は二三四万人、買収価格は、田は一〇アール当り約七六〇円（賃貸価格の四〇倍）、畑は約四五〇円（賃貸価格の四八倍）でした。当時のインフレを考えに入れれば、事実上無償での没収です。米数升の価格で水田一反歩が購入できたと言われました。現在の価格に換算すると、水田一反はわずか六五〇〇円程度ということになります。

小作農は、土地の購入代金を三〇年間の年賦で支払っても良かっのですが、現金払いが七、八割に達しました。このことからも、買収価格が非常に安かったことが分かります(14)。

農地改革の結果、新潟の「千町歩地主」であった

表1　耕地所有規模別農家戸数（1940年）

50町歩以上	2,941
10～50町歩	42,782
5～10町歩	105,888
3～5町歩	219,950
1～3町歩	931,563
0.5～1町歩	1,317,345
0.5町歩未満	2,381,038
合計	5,001,507

［出所］加用信文監修『改訂　日本農業基礎統計』農林統計協会、1977年、p.68より作成。

自作農創設特別措置法にもとづいて実施された。

(13) 五〇町歩以上地主は、もっとも多かった一九二三年においても、五〇七八人にすぎなかった。

(14) 暉峻衆三『日本農業問題の展開』下、東京大学出版会、一九八四年、四五八頁。

表2　市島家の土地所有の変化

（単位：町歩）

	1947年	1951年
田	895.0	1.0
畑	136.0	1.5
宅地	46.0	7.0
林野	1,700.0	1,061.0
池沼	260.0	258.0
合計	3,037.0	1,328.5

［出所］広田四哉「旧資産階級の没落」中村政則ほか編『戦後日本―占領と戦後改革』第2巻、岩波書店、1995年、p.125より作成。

写真1　市島邸

市島《いちしま》家（北蒲原郡）は、小規模な農家に転落しました（写真1）（表2）。農地改革以前に一〇三一町歩あった耕地はわずか二町五反にまで減りました。市島家は、農地改革直前の一九四五年に二町歩の手作り（自作）を始めていましたので、この部分はかろうじて確保でき、農地改革後も農家としてやってゆく道が残されました。そのほか市島家は、まとまった資産として、山林と沼地を持っていましたが、農地改革後に手がけた山林経営は失敗に終わり、沼地を事業に転用しようとしましたが、漁業権を持つ人たちとの権利関係が解決できず、実現に至りませんでした(15)。一九五六年度の市島家の所得八〇万円（農外所得が主でした）は、現在の貨幣価値では約五〇〇万円にすぎません。

農地改革は、農村社会をどのように変えたのでしょうか？　農地改革に関する古典的名著である『日本の農地改革』のなかでドーアさんは、地主が村落を支配する「家格型」村落社会が、農地改

(15) 山田盛太郎『日本農業生産力構造』岩波書店、一九六〇年、一三七～一四一頁。

革の結果、消滅したと指摘しています。[16]「家格型」の村落とは、地主と小作人との間に人格的な隷属関係が存在する村落です。たとえば、小作人は地主の家を訪れても、決して座敷には上げてもらえないとか、地主と対等に口を利くことができないといったような関係です。岩手県の山村で村長として農地改革にたずさわった中野清見さんは、「農地改革が人間関係を変えた」と表現しています。[17]このムラは日本のチベットとも呼ばれた岩手県の山奥にあり、名子制度といった古い制度が残っていた「家格型」の村落でした。[18]

ドーアさんは、西南日本には、戦前からすでに「非家格型」の農村が多かったとしています。また、戦前日本の多くの農村は「家格型」と「非家格型」の中間であったとも言っています。戦前の地主・小作関係を、隷属関係一色で描くのは極端すぎるでしょう。しかし、農地改革が地主の重圧を取り除き、小作人を精神的にも解放したことは間違いありません。

一方、タダ同然の価格で土地を強制買収された地主は、当然のことながら、納得しませんでした。旧地主は、一九五四年二月、全国解放農地国家補償連合会を結成して、補償運動を始めました。政府はその要求を一部認めて、一九六四年六月に「農地報償法」を制定し、基準反当二万円、一〇〇万円頭打ちで地主に報償金を支払いました。[19]政府は、農地改革は合法的であったからあくまでも「補償」ではないと主張し、農地改革に協力してもらった「報償」という形を取りました。[20]

(16) R・P・ドーア（並木正吉・高木径子・蓮見音彦訳）『日本の農地改革』岩波書店、一九六五年、第一四章。
(17) 中野清見『回想　わが江刈村の農地解放』朝日新聞社、一九八九年、二二一頁。
(18) 家内労働や耕作に従事する隷属的な農民。名子・被官制度ともいう。
(19) 農地報償に関する公的な歴史として、総理府編『農地報償の記録』一九六八年がある。
(20) 東畑四郎『昭和農政談』家の光協会、一九八〇年、九七頁。

（2）財閥解体

アメリカ政府は、財閥による経済支配が民主主義を阻害し、軍国主義の基盤になったとして、GHQに対して、財閥解体を実施するよう指示しました。財閥解体は、一九四五年一一月の四大財閥（三井、三菱、住友、安田）本社の解体に関するGHQ覚書に始まり、一九四八年六月の財閥株式の処分方法の決定で、基本的には終了しました。(21)

財閥解体措置の柱は、①財閥持株会社（財閥本社）の解体、②財閥同族の支配力排除、③財閥系企業による子会社支配の排除の三つです。

財閥は、クリスマスツリーのように、財閥本社を頂点とするツリー状の企業グループです（図1）。頂点に存在する財閥本社の資本は、基本的に財閥家族（同族）が持っていました。(22)ピラミッド型の資本関係を通じて、頂点に位置する財閥家族が企業グループ全体を支配する構造になっていました。

企業支配は資本所有に基づいていますから、財閥解体とは、具体的には、財閥系企業間の資本関係を切断して、それぞれ独立した会社にすることです。財閥解体を実施するために新たに設置された政府機関である持株会社整理委員会が、財閥本社・系列会社および財閥家族が保有する株式を強制的に買収し、それらを証券処理協議会を経て一般の人々に売却しました。

財閥の頂点に存在した財閥家族の持株はどうなったのでしょうか？　GHQは、三

(21) 財閥解体、独占禁止、集中排除（大企業の分割）の三つの政策を合わせて財閥解体と呼ぶこともある。独占禁止、集中排除は、ここで述べる内容とは直接関係はないので、省略する。

(22) 一般に財閥家族と呼ばれるが、財閥は江戸時代からの商家の同族団（同じ家系の複数の家の集合体）の形態を引き継いでいるので、厳密には同族というべきである。

図１　財閥の企業支配

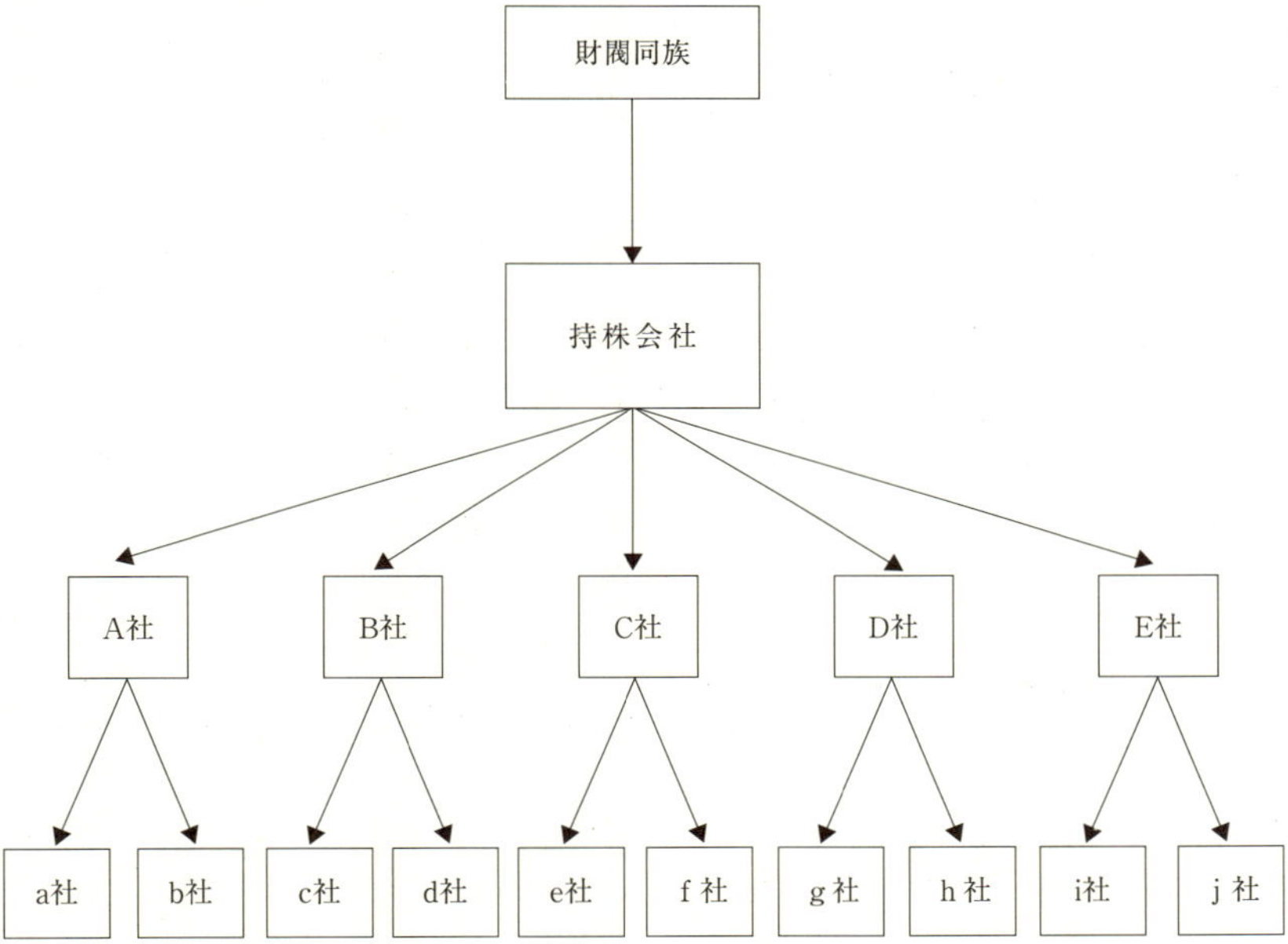

井、岩崎（三菱）、住友、安田、川崎、浅野、中島、渋沢、古河、大倉、野村、野口、鮎川、大河内の一四家族、五六名を財閥家族に指定し、うち一〇家族を資産処分の対象としました。財閥家族の資産は、有価証券が七六％、その他の動産および不動産が二四％でした。その他動産の中には、書画骨董が多く、国宝が四九点も含まれています。

財閥家族に対しては、まず財産税が課税され、納税後に残った株式を持株会社整理委員会が買収するという手続きを取りました。株式所有額は、三井家が一番多くて三億九〇〇〇万円となっています（表3）。また、この写真には、財閥家族の株式を持株会社整理委員会に運び込んでいるところが写っています（写真2）。あとでお話しするように、財産税の税率は最高で九〇％と非常に高率でしたから、財産税を課税された段階で財閥家族の資産はすでに一〇分の一程度になっていました。

結局、財閥家族の手元に残った資産は、不動産と書画骨董だけでした。財閥家族は、しばらくの間、生計費も持株会社整理委員会の監督下に置かれ、質素な生活を余儀なくされました(23)。三井は一一家ありましたが、その中には、資産をすっかり失い、財閥解体後は三井系企業からの名義料だけで生計を立てていた家もあったそうです。

表3　財閥家族の持株

（単位：千円）

財閥	家族人数	所有有価証券
三井	11	390,570
岩崎	11	177,307
住友	4	314,964
安田	11	39,591
中島	5	71,651
野村	4	77,895
浅野	4	30,080
大倉	4	55,747
古河	2	43,710
鮎川	1	484
合計		1,201,999

［出所］持株会社整理委員会『日本財閥とその解体』(1)、pp. 308-309.

(3) 財産税

一九四七年には、太宰治の『斜陽』や、吉村公三郎監督の映画『安城家の舞踏会』がヒットし、資産家の没落の代表的存在として華族の没落が大きな話題となりました。また、一九四八年に、三笠宮妃の実父であった高木生得《まさなり》元子爵が遺書を残

写真2　財閥家族の所有株式の引き渡し（一九四六年一〇月）

(23) 一九四七年の財閥家族指定者の家族一人当たり生計費は一四〇三円であり、都市勤労者の世帯員一人当たり消費支出九九五円より若干高い水準に抑えられた（大蔵省財政史室編『昭和財政史―終戦から講和まで―』第2巻、

して行方不明になり、後に、遺体で発見されるという痛ましい事件も起きました。

華族制度は新憲法によって廃止されました。みなさんは、華族というと、この写真に写っている、敷地一万三〇〇〇坪、建坪五〇〇坪の家に住み、一三六名もの使用人を抱えていた加賀百万石の前田侯爵のような家族を思い浮かべるでしょう(24)（写真3）。

しかし、華族がみな資産家だったわけではありません。日本の華族制度は、ヨーロッパの貴族と違って、近代になってから人為的に作られたものです。その目的は、「皇室の藩屏《はんぺい》」、すなわち皇室を守ることにあったので、天皇に貢献した家であるという基準で華族が設けられました。華族には、公家華族（堂上《とうしょう》華族、奈良華族）、武家華族（旧藩主）、勲功《くんこう》華族、神職華族、僧侶華族といった種類があります。そのうち、勲功華族は雑多であり、明治維新の功労者、軍人、学者、経済発展に功労があった者、さらには南朝の功臣の末裔《まつえい》まで含まれています。天皇への貢献が基準ですから、最初から資産をほとんど持たない華族もかなり存在しました。一九四七年に八八九も存在した華族の家のうち、超リッチだったのは、大きな藩の旧藩主と財閥です。経済発展に勲功があったという理由で、三井、岩崎、住友、藤田、鴻池《こうのいけ》、渋沢などが勲功華族に列せられました。

資産家の没落を決定づけたのは、財産税でした。財産税は、金融緊急措置の一環として導入された税金であり、一九四六年三月現在で一〇万円以上の資産を持つ者が対象となりました。一回限りの税金ですが、最高税率は九〇％にも達します。

東洋経済新報社、一九八二年、三〇九頁）。

(24) 小田部雄次『華族』中公新書、二〇〇六年、六一頁。前田侯爵邸は、東京都目黒区駒場公園内に現存する。

写真3　旧前田侯爵邸

財産税の課税によって、資産家の大部分が没落しました。納税上位二〇位リストを見ると（表4）、財閥家族が多いことがわかります。財閥以外の華族でリストに挙がっているのは、武家華族の細川、前田、毛利の三家だけです。占領期の資産家の没落というと、華族（財閥以外の旧大名や公家）をイメージしがちですが、華族はあくまでも没落した資産家のごく一部分にすぎません。また、占領期以前にすでに没落した華族もたくさん居ました。このリストだけでは窺うことができませんが、財産税は、都市と地方の広範な名望家に対して大きな打撃を与えた点に注意を向ける必要があります。(25)

2 インフレをめぐる攻防――戦争のツケを誰に支払わせるか？

今までの話だけですと、占領改革は資産家階級だけに影響を与えたように誤解されかねません。そこで、今度は目を転じて、占領改革が庶民に与えた影響についてお話しようと思います。

敗戦直後は、食糧難や住居難なども深刻でしたが、ここでは、爆発的インフレーションを取り上げます。最近は不況が続いていますので、話題になるのはもっぱらデフレ（持続的な物価下落）です。一昔前までは、一般庶民がいつも心配していたのは、物価上昇（インフレ）でした。当時、物価が上昇傾向にあったということもあります

(25) 一九五四年に国税庁により「財産税大納税者名簿」（税務大学校所蔵）が作成されている。この史料を用いれば、資産家の没落の全貌がより明瞭になると思われるが、現在公開されていないため、利用できなかった。

表4　財産税上位20位

順位	氏名	課税価格 A	税額 B	B/A	備考
				%	
1	住友吉左衛門	117,383	104,261	89	指定財閥家族
2	三井高公　外5名（北家）	96,275	85,264	89	指定財閥家族
3	辰馬吉男	68,651	60,402	88	酒造業
4	岩崎久弥	53,483	46,750	87	指定財閥家族
5	三井高遂　外3名（新町家）	47,726	41,569	87	指定財閥家族
6	三井高修　外6名（小石川家）	46,797	40,733	87	指定財閥家族
7	三井高陽　外5名（南家）	44,218	38,412	87	指定財閥家族
8	広海仁三郎　外4名	42,910	37,235	87	海運業
9	岩崎彦弥太　外5名	41,895	36,322	87	指定財閥家族
10	三井高長　外3名（伊皿子家）	41,089	35,596	87	指定財閥家族
11	古河従純　外3名	38,201	32,997	86	指定財閥家族
12	服部玄三	37,509	32,374	86	服部時計店
13	板谷宮吉　外2名	37,311	32,196	86	海運業
14	田部長右衛門　外7名	37,289	32,176	86	林業
15	細川護立　外1名	36,463	31,422	86	武家華族
16	前田利建　外1名	35,023	30,137	86	武家華族
17	和田久左衛門　外3名	34,976	30,094	86	
18	中野重孝　外7名	34,062	29,271	86	石油業
19	三井高大　外1名（室町家）	29,344	25,025	85	指定財閥家族
20	毛利元道　外2名	28,327	24,111	85	武家華族

［注］課税価格、税額は、1954年2月1日現在最終額。
［出所］三井文庫編『三井事業史』本編・第3巻・下、p.874より作成。

が、人々がインフレに過敏であったのは、一九七三年から七四年のオイルショックの際の「狂乱物価」、そして、何といっても敗戦直後のインフレの強烈な記憶によるものと思われます。

どの程度の激しいインフレであったのかを、ざっと見ておきましょう。戦争末期の一九四四年から一九五〇年までに、物価は、日銀の東京小売物価指数で見ると、一一三倍になっています（図2）。戦時中から一九四九年のドッジ・ラインまで物価統制が存在しましたので、この物価指数では、公定価格の商品は公定価格で計算されており、敗戦直後の物価上昇率は実際よりも低めになっています。日銀は、小売物価指数とは別に、ヤミ物価指数も作っていました。日銀がヤミ物価指数を公表するというのもおかしなものですが、それほどヤミは公然と行われており、ヤミ物価を考慮せずには政策も立てられなかったわけです。ヤミが公定価格の何倍であったのかを、図に示しました（図3）。敗戦直後は公定価格とヤミ価格の開きは大きかったのですが、次第にヤミ価格を追いかける形で公定価格が引上げられ、最終的には一九五〇年頃に大方の商品については公定価格が廃止され、両者は一致します。

オイルショックの際の物価上昇を、当時、大蔵大臣であった福田赳夫さんは「狂乱物価」と名付けました。一九七四年の消費者物価上昇率は前年比二四・五％です。前年の一九七三年は一一・七％、次の年の一九七五年は一一・八％であり、この三年間、連続二桁の物価上昇を記録しました。しかし、三年間を通して一・五倍程度の物

図２　小売物価の上昇率

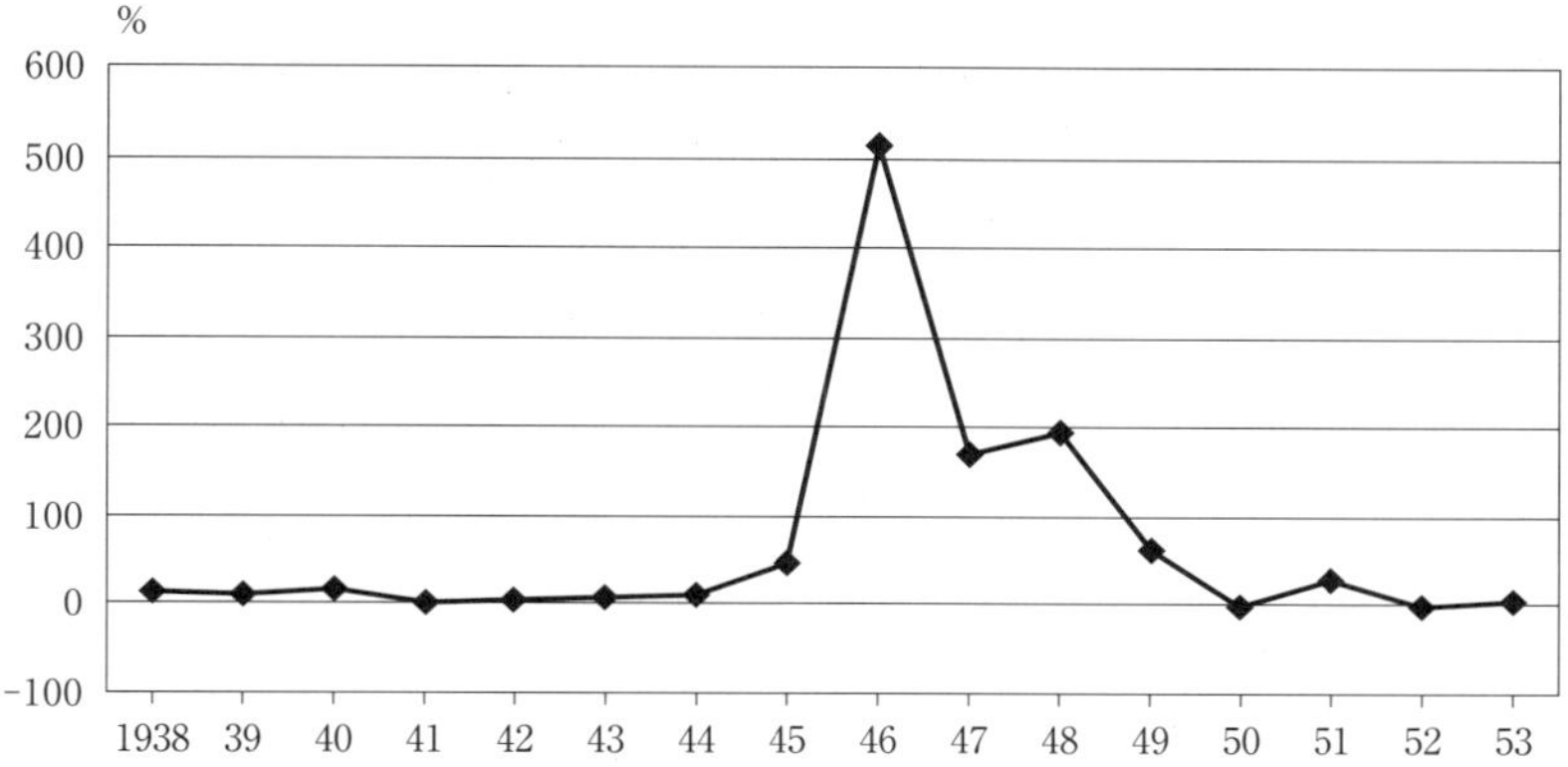

［注］物価上昇率は対前年比。
［出所］日本銀行統計局『大正11～昭和42年　東京小売物価指数』収録の「戦前基準総平均指数」を用いた。

図３　ヤミ価格対公定価格

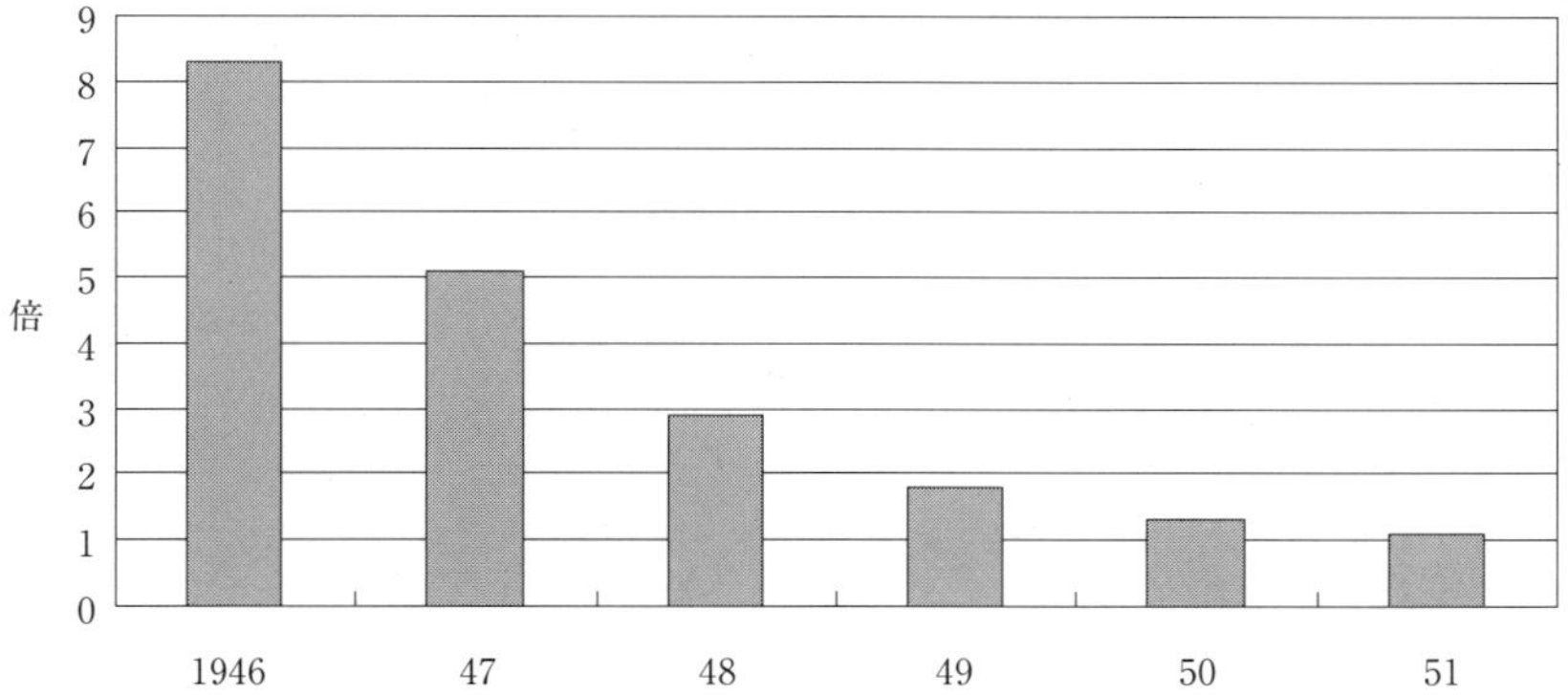

［注］日本銀行調「消費財闇及び自由物価指数（東京）」による。
［出所］大蔵省財政史室編『昭和財政史―終戦から講和まで―』第19巻、東洋経済新報社、1978年、p. 64より作成。

価上昇です。当時は大騒ぎしましたが、これを「狂乱物価」と言うのであれば、戦争直後のインフレは何と名づければ良いのでしょう？

インフレは、生活物資の価格高騰を通じて庶民の生活を直撃するだけでなく、人々の将来設計も狂わせます。たとえば、戦争直後のような激しいインフレが起き、貨幣価値が一〇〇分の一に下落した場合には、五〇〇〇万円の住宅ローンを抱えている人と、五〇〇〇万円の預金を持っている人とでは、天国と地獄の違いが生じます。住宅ローンを抱えていた人は、借金が実質五〇万円に減り、借金の重圧から解放され、ハッピーでしょう。他方で、老後のために五〇〇〇万円の預金を貯めていた人は、途方に暮れるに違いありません。

(1) 預金封鎖

敗戦直後のインフレの原因は、戦時中の国債の増発でした。他方では、戦費を賄うために国債が増発され、国債を引き受けた日銀は通貨を増発し続けました。戦時中、ほとんどの物資は配給ルートを通じてしか入手できなかったので、公定物価はほぼ維持されていました。しかし、圧力釜の中のように物価の上昇が押さえ込まれ、その圧力でインフレは爆発寸前になっていました。それが、敗戦と同時に爆発したのです。

敗戦直後は、モノが極端に不足し、カネは有り余っているという状況でした。工場設備はすぐに稼動できる状態ではなかったので、モノの生産量を増やすのは困難でした。とすれば、少ないモノに合わせて物価を引上げるか、通貨を減らすしかありません。通貨発行を抑えずに、物価上昇を放置するか、徴税や通貨切捨てによって通貨流通量を減らすかです。どちらかの方法を取るかによって、影響を受けるグループや階層は違ってきます。インフレのほうが、一般庶民の給与生活者にはダメージが大きい。

当時の政府は、状況を正確に認識していました。戦後の物価水準をどのように決めるかは、「何人の負担に於いて戦争の後始末を付けるかという意味では配分の問題であり、一種の政治問題」である、と述べています(26)。要するに、戦争のツケを誰に支払わせるかという問題に帰着することになります。

著名な財政学者であり、マルクス主義者として戦時中は弾圧されていた大内兵衛《おおうちひょうえ》は、一九四五年一〇月一七日にラジオで、「渋沢蔵相に与う」と題する演説を行い、大きな反響を呼びました。渋沢敬三蔵相は、渋沢栄一の孫で、銀行家ですが、戦時中の一九四四年に日銀総裁になりました(27)。学究肌で良識に富んだ人物であり、思想弾圧によって失職していた大内に対して、戦時中、日銀調査部にポストを提供したこともありました(28)。

大内は演説のなかで、戦争のための借金は返す必要はないので、一二〇〇億円に達する公債と数百億円にのぼる軍需会社等への戦時補償を破棄し、通貨の膨張を防げと訴えました。その理由として、①激しいインフレは労働者と中産階級を貧困に陥れ

(26)「内閣調査局」「新物価水準問題（未定稿）」（昭和二〇年九月二三日）大蔵省財政史室編『終戦直後の財政・通貨・物価対策』霞出版社、一九八五年、二七七頁。

(27) 渋沢敬三（一八九六－一九六三）は、アチック・ミューゼアム（常民文化研究所、現在は神奈川大学の常民文化研究所になっている）を創設し、民俗学の発展に寄与したことでも知られる。

(28) 大内兵衛『経済学五十年』下、東京大学出版会、一九五九年、三一九～三二一頁。

る、②戦争によって儲けたものに対して負担を余計にかけるのは当然である、③インフレは生産を阻害する、という三点を挙げています(29)。

それに対して渋沢蔵相は、「払うものは払う、そのために、取るものは取る」という方針を示しました。政府の約束である、国債の利払いと償還、軍需企業への補償は行うが、そのための資金は財産税ほかの資産税を徴収して賄うというものです。戦争のツケである政府債務は、国債二〇〇〇億円、戦時補償債務五〇〇億円の計二五〇〇億円ありましたが、そのうち半分弱の一〇〇〇億円を財産税等で国民から徴収し、のこりはインフレでつじつまを合わせるという考えでした。

インフレが昂進《こうしん》し、政府が財産税を計画しているといううわさが広がると、今のうちに預金を引き出して物に換えようという動きが激しくなり、銀行取り付けのような状況になりました。政府は、金融恐慌に発展するのを避けるために、一九四六年二月一七日に、金融緊急措置を発し、預金封鎖・新円切替えの措置に踏切りました。

金融緊急措置は、インフレを抑える目的で、預金を封鎖し、引き出しを制限した上で、新たな日銀券を発行する措置です。ヤミ業者や農家がヤミで稼いだカネは「たんす預金」になっていましたので、預金を封鎖するだけではインフレは抑えられません。政府は、三月二日までに預金しない場合には、従来の日銀券は無効にすることとし、銀行券の回収を行いました。緊急の措置であったために、新しいお札を用意する時間的な余裕はありませんでしたので、この写真のように、旧札に証書を貼って新円

(29) 大内兵衛「渋沢蔵相に与う」『大内兵衛著作集』第6巻岩波書店、一九七五年、一九七～二〇二頁。

写真4　証書を貼った新円日銀券（歴博所蔵）

への切り替えを実施しました（写真4）。

封鎖された預金は、生活のために三人家族で一ヵ月に五〇〇円まで（世帯主三〇〇円、世帯員一人一〇〇円）引き出すことが出来ました。給与は、五〇〇円を超える分は強制的に預金させられ、封鎖されました。「五〇〇円生活」といわれたように、人々はぎりぎりの生活を強いられたのです。

預金封鎖は、その後、じょじょに緩和され、約二年半後の一九四八年七月に解除されました(30)。金融緊急措置のインフレ抑制効果はあまり芳しくなく、その間に、インフレは昂進しましたので、預金封鎖の間に、預金の価値は約一七分の一に下落してしまいました。

(30) 封鎖預金には、第一封鎖預金（小口預金等）と第二封鎖預金（大口預金）の区分があった。

(2) 戦時補償の打ち切り

戦時補償債務とは、戦時中に政府が約束をしていた支払いです。軍需企業に対して政府が工場新設の命令を行ったが、敗戦により工場が不要となってしまった結果発生した損害や、戦時中の契約が打切られたために生じた損害は政府が補償しますと、戦時中に政府は約束していました。そうした戦時補償債務は約五六五億円と見積もられていました(31)。

政府は当初、「払うものは払う」という方針のもとで、戦時補償債務を支払う準備を進めましたが、一九四六年四月三〇日になって、GHQは、戦争責任のある軍需企業に対して補償を支払うのはまかりならないとして、突如、戦時補償の打切りを指示しました。石橋湛山蔵相は、戦時補償の打ち切りは、金融界・産業界に大混乱を引き起こすと主張して強く抵抗しましたが、結局、GHQに押し切られてしまいます。この事件をきっかけに、GHQは、石橋がインフレを意図的に引き起こし、占領政策を妨害しようとしているのではないかとの疑いを強めました。一九四七年五月、GHQは石橋を軍国主義者という理由で政界からパージ(追放)してしまいました。石橋は、戦前・戦時を通じて軍国主義に対して批判的な立場を貫いた人物でしたから、パージはきわめて強引なものだったと言えましょう(32)。

主要な企業はみな軍需企業であり、主要な銀行はみな軍需企業に貸し込んでいました。戦時補償が打ち切られれば、銀行と企業は軒並み倒産してしまいます。そこで善

(31) 戦時補償債務の見積もりは、何度か改訂され、最終的には八〇九億円に達した(前掲『昭和財政史―終戦から講和まで―』第一一巻、一九八三年、三七頁)。

(32) 増田弘『石橋湛山―占領政策への抵抗』草思社、一九八八年。

後策として、一九四六年一〇月一九日に、「金融機関再建整備法」と「企業再建整備法」が公布され、企業・金融機関を新旧勘定に分離し、時間を稼ぎながら経営再建を図らせることとなりました。営業の継続は可能となったのですが、旧勘定に残った債務は長期間をかけて整理されるはずでした。

インフレが起きていなければ、旧勘定の債務返済にはかなりの時間がかかったに違いありません。しかし、物価上昇のおかげで、企業の債務は大幅の実質減となり、比較的短期間のうちに企業は立ち直ることができました。

(3) インフレの結末

家計と企業と政府に分けて、インフレの影響をまとめてみたいと思います。

家計(個人)は、借金よりも資産の方が多かったので、預金の目減りで金融資産を失いました。また、資産家の場合は、財産税の賦課によって、土地・建物などの不動産も失いました。

有力企業の多くは、債務が資産を上回っていたので、戦時補償打切りなどの打撃がインフレによって緩和されました。すでに述べましたように、有力企業は戦時中に金融機関から多額の借入を行って事業を拡大した挙句、GHQによって戦時補償を打ち切られて、一時は倒産同様の状態に陥りました。その後、第二会社を作って債務の返済を進めましたが、それが意外に順調に行ったのは、インフレのおかげでした。一

図4　政府債務実質残高

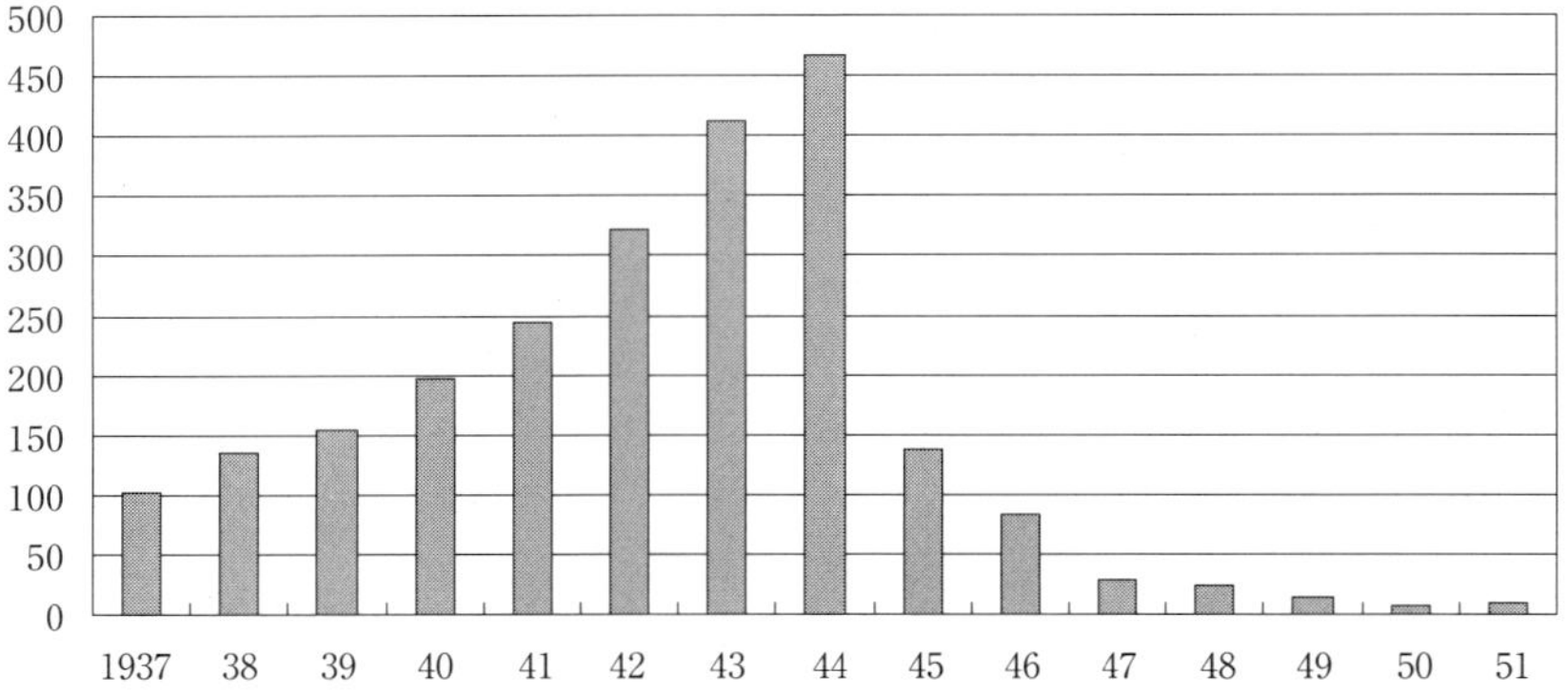

［注］1934～36年の平均を100とした指数。
［出所］大蔵省財政史室編『昭和財政史―終戦から講和まで―』第11巻（国債）、東洋経済新報社、1983年、p. 790、にもとづいて作成。

方、戦争直後は、戦前からの有力企業が経営再建に苦闘していたため、ベンチャーが台頭しやすい環境がありました。雨後の筍《たけのこ》のように企業が生まれ、また戦時中の中小メーカーが急成長しました。ラジオ生産で台頭した早川電機（シャープ）や自転車用発電ランプから出発した三洋電機（サンヨー）、繊維産業の復興で新設が認められた紡績会社（「新紡」）などが代表例として挙げられます。

政府は、多額の債務を抱えていましたが、インフレと徴税（財産税など）のおかげで、債務はほとんどゼロになりました（図4）。結局、一番得をしたのは政府ということになります。

3　敗戦の後始末：賠償・請求権・引揚者への補償

なぜ政府は政府債務（国債）の軽減に、かくまで熱心であったのでしょうか?

財政破綻を恐れたことが最大の理由とは言え、すぐには納得できません。国債の残高は、一九四四年には国民総生産（GNP）の二倍という膨大な規模にまで達していたことは事実ですが、敗戦後のインフレで国債の実質価値はみるみる下がっていました。(33) また、国債の満期は長いので、当面は利子だけを支払っていれば済みます。しかも利子は、年三・五%と、戦前と較べれば低くなっており、年間の政府の利払い負担も七〇億円程度でしかありませんでした。

それでは、なぜ政府はそんなに財政破綻を心配したのでしょう? さきほど挙げた大内兵衛の「渋沢蔵相に与う」に、その疑問を解くヒントが隠されています。大内は、次のように述べています。

「第一、戦費にもとづく公債は一二〇〇億円をこえていますが、あの元利をあなたはどうしてお払いになるつもりですか。第二に軍需会社、保険会社にたいして戦争による損害は補償してやるという政府の約束も数百億円に上っていますが、あの後始末は、どうなさるつもりですか。」

(33) ちなみに、二〇〇七年度末の国債残高はGDP（国内総生産）の一・〇五倍であるこれらは、すでに説明した点ですが、つぎの第三点、第四点が重要です。

「第三に台湾、朝鮮、満州、南方はもちろん、北支、中支等にある政府関係の、例えば満鉄というような会社、銀行、さらにまた個人の財産の少なからざる部分は連合国に接収されるでしょう。この金額もまた数百億円となるかも知れません。日本政府はこれらについて、その所有者に全額の補償をなさるおつもりでありますか？」

植民地や占領地に住んでいた日本人や、植民地や占領地に存在した日系の会社の資産は全部没収されますが、政府は、引揚者や在外企業から補償を求められるだろうというのです。

第四点として、次の点を指摘します。

「つぎにまた日本が満州や、北支や、中支や、ビルマや、フィリピンで、直接またはそれらの地で日本が設けた銀行をして発行せしめている紙幣、すなわち聯銀《れんぎん》券、儲備《ちょび》券、ペソ軍票《ぐんぴょう》等も巨額であります。これはあるいは数百億、数千億円に上ります。それに対しては、いずれ、それぞれの国から支払いを要求してくるに相違ないと存じますが、日本政府はそれにどう答えるつもりでしょうか。」

植民地や占領地の住民や企業から、軍票や銀行券の支払いを求められることが予想されるという点です。これは、請求権と言われるものです。

大内は最後にこのように締めくくります。

「こういう問題にたいして、あなたのお考えはどうか。国民は一日も早く伺いたいと思っています。というのは、右のような借金を全部お払いになるお考えでしたら、われわれの国債負担は数百億円ではなく数千億円を増すことになり、その利子年額だけでも百億円では足らぬことになる。そうすると、日本の今日の資力では二度破産しても、三度破産しても払いきれないことになり、またその支払いをするために今後ますますインフレーションが激しくなるということになるでありましょう。これは国民にとって死活問題であります。」

そのほかに賠償も考慮に入れなければならないはずですが、大内は賠償には言及していません。ポーレー使節団が厳しい賠償方針を示す前だったので、それほど巨額の賠償は請求されないと考えたのでしょうか？　その点はよくわかりません。

（1）賠償・請求権問題

実際には、講和条約発効後、賠償も支払われることになりました。対日賠償はきわめて寛大でした。国民一人当たりの賠償負担は、準賠償を含めても一人当たり五〇〇円にすぎません[34]。

最初、アメリカは連合国を代表して、日本に対して莫大な賠償を課すことを検討していましたが、しだいに賠償規模を軽減し、最終的には一九四九年に賠償を放棄しました。冷戦が始まり、アメリカの外交方針が、ソ連や中国の社会主義国への防波堤として日本を復興・強化する方針に変わったからです。アメリカは、それまでとは一転して、日本に経済援助を与え、復興させる方針に転換します。アジア諸国が賠償を取り立てれば、アメリカは日本に対する援助をそれだけ増やさなければならなくなるので、賠償の取立てをやめようとしたのです。

しかし、アジアの国々は納得しませんでしたので、結局、サンフランシスコ平和条約では、賠償交渉は講和条約締結後、各国と日本との交渉に委ねることになりました。その後、日本に対し賠償を求めた国は、ビルマ、フィリピン、インドネシア、ベトナムの四カ国にとどまりました。そのほか、九カ国に対して準賠償が支払われました（表5）。

アメリカが正式の中国政府として認めていた台湾の中華民国と日本との間には、日華平和条約が結ばれましたが、そこには賠償の項目はありませんでした。中華民国は

(34) 原朗「戦後賠償問題とアジア」『岩波講座 近代日本と植民地』8、岩波書店、一九九三年、二八三頁。賠償支払いの二一年間に支出した金額を人口で割った数字であり、現在の貨幣価値ではない。支払いの時期は長期間にわたっているので、現在の貨幣価値への換算はむずかしいが、最初に賠償が支払われた一九五〇年代半ばの物価水準で換算すれば、現在の貨幣価値で三万円程度ということになる。

表5　賠償・準賠償

（単位：億円）

	国名	協定締結年月	支払実施期間	金額
賠償	ビルマ	1954年11月	1955〜1965年	720
	フィリピン	1956年5月	1956〜1976年	1,902
	インドネシア	1958年1月	1958〜1970年	803
	ベトナム	1959年5月	1960〜1965年	140
準賠償	ラオス	1958年10月	1959〜1964年	10
	カンボジア	1959年3月	1959〜1966年	15
	タイ	1962年1月	1962〜1969年	96
	ビルマ	1963年3月	1965〜1977年	473
	韓国	1965年6月	1965〜1975年	1,021
	マレーシア	1967年9月	1969〜1971年	29
	シンガポール	1967年9月	1970〜1972年	29
	ミクロネシア	1969年4月	1973〜1975年	18
	モンゴル	1977年3月	1978〜1981年	50
合計				5,306

［注］支払実施期間は、実際に実施された期間。
［出所］大蔵省財政史室編『昭和財政史―昭和27〜48年度―』第11巻、1999年、p.596、第19巻、1999年、p.565より作成。

賠償を放棄する意思はありませんでしたが、アメリカは日本からの賠償取り立てを支持しませんでした。そこで、中華民国は中国の正統政府として日本に認めてもらうために、やむなく賠償を放棄したのです(35)。

植民地であった朝鮮は、講和会議に連合国と一緒に加わろうとしましたが、アメリカなどはそれを認めませんでした。そこで、日本に対する請求権という形で、植民地時代の被害に対して実質的な賠償を求めることになります。その後一九六五年に、韓国とのあい

(35) 殷燕軍『中日戦争賠償問題』御茶の水書房、一九九六年、袁克勤『アメリカと日華講和』柏書房、二〇〇一年。

表6　植民地及び占領地における日系通貨発行高

（単位：100万円）

通貨種類	金額
朝鮮銀行券	7,987
台湾銀行券	2,285
満州中央銀行券	8,800
満疆銀行券	3,600
中国聯合準備銀行券	132,603
支那事変軍票	2,516
中央儲備銀行券	485,501
南方開発金庫券	19,468
合計	662,760
1ドル＝15円で換算すると（単位百万ドル）	44,184

［注］1：1945年8月末現在。
2：中央儲備銀行券は公定レートで円に換算。
［出所］鈴木武雄『現代日本財政史』第1巻、p.104.

だに日韓条約が締結され、請求権問題は一応の決着を見ました(36)。

　これとは別に存在したのが、大内兵衛が懸念していた個人や企業の請求権です。請求権には貨幣、有価証券、未払い賃金などさまざまな請求権があります。ここでは、貨幣を取り上げましょう。敗戦時の日系通貨は、植民地通貨である朝鮮銀行券、台湾銀行券のほか、満州中央銀行券、中国儲備銀行券、南方開発会社券などがありました。その総額は敗戦時までに六六〇〇億円に達していました（表6）。もし、戦勝国や植民地がドルとの交換を求めたとするならば、その総額は、一ドル＝一五円の米軍が一九四五年に設けたレートを基準にした場合、四四〇億ドルという膨大な金額になります。日本が占領期にアメリカから受けたガリオア（GARIOA）援助が一八億ドル、西欧諸国に対するマーシャル援助が総額で一三〇億ドルでしたから、日本が長期間か

(36) 太田修『日韓交渉―請求権問題の研究』クレイン、二〇〇三年、吉澤文寿『戦後日韓関係』クレイン、二〇〇五年。

かっても支払うことの出来ない、当時としては天文学的な数字であったことがわかります。

しかし、日本にとっては幸いなことに、各国では戦後しばらく、国内の混乱がいちじるしく、また、中国のように日本との国交が未回復の国もありましたので、日本に対して請求権を主張する状況にはありませんでした。韓国は請求権を主張しましたが、そのなかに朝鮮銀行券は含まれていません。

政府間での賠償は決着したものの、今日なお、個人レベルでは納得していない人々も多くいます。たとえば、香港軍票の問題があります。香港では軍票の支払いを求めて香港索償協会という団体が結成され、七億六八〇〇万円の補償支払いを、日本政府に求める訴えが出されました(37)。一九九九年六月に東京地裁は、軍票は一九四五年のGHQおよび日本政府の決定により無価値となったので訴えは認められないとの判決を下し、二〇〇一年二月に東京高裁は住民の控訴を棄却し、敗訴になっています。

賠償の負担は国民一人五〇〇〇円で済んだわけですが、もし賠償、請求権請求に対する支払いが巨額に上ったならば、日本の経済復興は困難を極めたに違いありません。

(2) 引揚者への財産補償

引揚者とは、敗戦により海外より帰国した海外在留の日本人のことを指します。そ

(37) 高木健一ほか『香港軍票と戦後補償』明石書店、一九九三年。

の数は、政府の統計によれば全部で六二九万人、そのうち軍人・軍属が三一一万人、一般邦人が三一七万人です。

このうち軍人以外の一般の日本人引揚者は、ほとんど着の身着のままで帰還船に乗って帰国し、生活基盤を失いました。日本が外国に持っていた資産（在外財産）は、ポツダム宣言とサンフランシスコ平和条約によって放棄させられました。在外財産の放棄は、実質的には、最大の賠償であったのです。

在外財産は、日本の個人や会社や政府が植民地に持っていた土地や工場や住宅などを指します。在外財産の総額ははっきりしませんが、ＧＨＱの調査では三二〇〇億円という数字があります[38]。先ほど述べたように敗戦直後の政府債務は約二五〇〇億円でしたから、それを上回る金額です。もし、政府が在外財産を失った個人や企業に対して補償するとしたら、戦争終結までに発行した金額以上の国債をもう一回発行しなければなりません。

引揚者は政府に対して補償を求める運動を起こし、一九五二年一一月には、在外資産補償獲得期成同盟が結成されました[39]。政府は、一九五七年度に「引揚者給付金等支給法」にもとづき、生活援助として総額五〇〇億円の補償給付金を交付しましたが、引揚者団体は納得しなかったので、改めて一九六七年に、国には補償義務は存在しないが、引揚者が蒙った多大の損失に鑑みて資金給付を行うことになり（「引揚者等に対する特別交付金の支給に関する法律」）、上限一七万円の特別交付金が支給されました[40]。

(38) 前掲『昭和財政史―終戦から講和まで』第1巻、一九八四年、五六四〜五頁。

(39) 在外財産補償運動については、柴田善雅「引揚者経済団体の活動と在外財産補償要求」小林英夫ほか編『戦後ア在外財産三二〇〇億円の大半は会社の資産でしたので、個人在外財産は全体の何分の一かにすぎませんが、それでも敗戦時に五〇〇億円程度はあったと見られます。とすれば、政府の補償は、貨幣価値を考慮すれば、失った資産の一〇〇分の一程度にすぎなかったことになります。国民の負担の公平という点からも、引揚者に対してもう少し手厚い補償をなすべきではなかったかと思います。

以上で、私が予定していた内容は、すべてお話したことになります。改めて、まとめる必要はないと思いますので、この辺で、終わらせていただきます。ご清聴、ありがとうございました。

【参考文献】

内海愛子『戦後補償から考える日本とアジア』山川出版社、二〇〇二年
太田修『日韓交渉―請求権問題の研究』クレイン、二〇〇三年
小田部雄次『華族』中公新書、二〇〇六年
大和田啓氣『秘史　日本の農地改革』日本経済新聞社、一九八一年
セオドア・コーエン『日本占領革命―GHQからの証言』TBSブリタニカ、一九八三年
アンドルー・ゴードン『日本の二〇〇年』上・下、みすず書房、二〇〇六年
高木健一ほか『香港軍票と戦後補償』明石書店、一九九三年

ジアにおける日本人団体』ゆまに書房、二〇〇八年、参照。

(40)この問題に関する公的記録として、総理府編『在外財産問題の処理記録―引揚者特別交付金の支給』一九七三年、が存在する。上限の一七万円は、敗戦時の年齢が五〇歳以上で、かつ、外地に八年以上生活の本拠を有した場合の金額である。

ジョン・ダワー『吉田茂とその時代』上・下、中公文庫、一九九一年
ジョン・ダワー『敗北を抱きしめて』上・下、岩波書店、二〇〇一年
暉峻衆三『日本農業問題の展開』下、東京大学出版会、一九八四年
R・P・ドーア『日本の農地改革』岩波書店、一九六五年
東京大学社会科学研究所編『戦後改革』1〜8、東京大学出版会、一九七四—七五年
中村政則『戦後史』岩波新書、二〇〇五年
原　朗「戦後賠償問題とアジア」『岩波講座　近代日本と植民地』8、岩波書店、一九九三年
広田四哉「旧資産階級の没落」中村政則ほか編『戦後日本—占領と戦後改革』第二巻、岩波書店、一九九五年
拙　著『戦後改革と民主主義—経済復興から高度成長へ』吉川弘文館、二〇〇一年

占領・戦後改革関係　年表

＊年・月・日・事項

年	月・日	事項
▼一九四五年	8・14	ポツダム宣言受諾
	8・17	東久邇宮内閣成立
	8・28	GHQ設置（横浜、9月15日日比谷に移転）
	8・30	マッカーサー、厚木到着
	9・2	降伏文書に調印
	9・6	「降伏後における米国の初期の対日方針」を米大統領が承認（9月22日公表）
	10・9	幣原内閣成立
	10・11	GHQの「5大改革指令」
	10・15	治安維持法廃止
	11・6	GHQ、持株会社の解体を指示（財閥解体の開始）
	12・17	衆議院議員選挙法改正（婦人参政権）
	12・22	労働組合法公布
	12・29	農地調整法改正法公布（第一次農地改革）
▼一九四六年	1・1	天皇、人間宣言
	2・17	金融緊急措置令（預金封鎖、新円発行）、臨時財産調査令、食糧緊急措置令公布

3・3 物価統制令公布（3・3物価体系）
4・20 持株会社整理委員会令公布（財閥解体の本格化）
5・3 極東国際軍事法廷開廷
5・19 食糧メーデー
5・22 第一次吉田内閣成立
9・12 経済安定本部設置
10・19 戦時補償特別措置法、金融機関再建整備法、企業再建整備法公布
10・21 農地調整法改正・自作農創設特別措置法公布（第二次農地改革）
11・3 日本国憲法公布
11・12 財産税法公布
11・16 ポーレー賠償最終報告発表
12・27 傾斜生産方式決定

▼一九四七年

1・25 復興金融金庫開業
1・31 2・1スト中止声明
3・12 トルーマン・ドクトリン発表
3・13 華族世襲財産法廃止
3・31 財政法公布、教育基本法・学校教育法公布
4・1 新制小中学校発足、町内会・部落会・隣組廃止
4・7 労働基準法公布

4・14　独占禁止法公布
4・17　地方自治法公布
5・3　日本国憲法施行
6・1　片山内閣成立
7・7　新物価体系（一八〇〇円ベース）発表（7・7物価体系）
10・13　一一宮家の皇籍離脱決定
10・26　改正刑法公布（不敬罪、姦通罪廃止）
11・30　職業安定法・失業手当法・失業保険法公布
12・12　児童福祉法公布
12・17　警察法公布
12・18　過度経済力集中排除法公布
12・22　改正民法公布（家制度廃止）
12・31　内務省解体

▼一九四八年

1・6　ロイヤル声明（日本を共産主義の防波堤に）
1・7　財閥同族支配力排除法公布
3・10　芦田内閣成立
4・3　米、対外援助法公布（欧州へのマーシャル援助の開始）
7・15　教育委員会法公布
7・31　政令201号（公務員スト権否認）公布

8・15 大韓民国成立
9・9 朝鮮民主主義人民共和国成立
9・11 集中排除審査委員会、集中排除法実施の4原則提示（適用の大幅緩和）
10・19 第二次吉田内閣成立
11・12 極東軍事裁判判決
12・18 経済安定9原則の指令

▼一九四九年

2・1 ドッジ来日（ドッジ・ライン始まる）
2・16 第三次吉田内閣成立
4・4 NATO調印
4・25 1ドル＝360円レート実施
5・6 ドイツ連邦共和国成立
5・12 米政府、中間賠償打切り通告
8・10 出入国管理令公布
9・15 シャウプ勧告発表（税制改革）
10・1 中華人民共和国成立

▼一九五〇年

1・1 民間貿易の全面再開
1・21 財閥商号使用禁止令・財閥標章使用禁止令公布
6・25 朝鮮戦争勃発

7・24 レッドパージ始まる
8・10 警察予備隊令公布
9・21 第二次シャウプ勧告公表
10・13 第一次追放解除

▼一九五一年

4・11 マッカーサー解任、後任にリッジウェイ
5・14 GHQ、ガリオア等対日援助の打切りを通告
8・6 第二次追放解除
9・8 対日平和条約・日米安全保障条約調印

▼一九五二年

2・15 第一次日韓会談開始
2・28 日米行政協定調印
4・28 対日平和条約・日米安全保障条約発効、日華平和条約調印

コメント1

占領期の生活と女性の「解放」

天野正子
東京家政学院大学学長

プロローグ～「解放」のゆくえ～

戦後の出発点となった占領下に、その時代を生きた女性たちが何を経験したのかを知ることは、私たちの「いま」をみつめるうえでも、大きな意義をもっています。

私のコメントのねらいは、第一に、占領下を「男として」ではなく、「女として生きる」ことはどういうことであったのか――その歴史経験の意味を探ることです。そして第二に、女性解放という「解放」の受け入れ方が、結果として、社会学者の落合恵美子さんの命名による「家族の五五年体制」に組み込まれていく契機になったのではないかという、小さな仮説を検証することです(1)。

では、ここでの「家族の五五年体制」とは何なのかです。同じく落合さんの定義を借りれば、それは専業の稼ぎ手である夫ともっぱら家事労働を担う主婦、それに二人か三人の子どもから構成される近代家族の大衆化と定着――を指しています(2)。

(1) 落合恵美子『21世紀家族へ』〔第三版〕有斐閣、二〇〇四年。

(2) 近代家族と家事・育児に専念する主婦は、すでに第一次世界大戦後、都市の新中間層のなかに誕生していたが、その大衆化は、五〇年代半ばから始まる都市勤労者家族の激増に

この主題にアプローチしていくために、私は次の点に注目したいと思います。

①占領下を「女として生きる」ことの意味世界を探るために、歴史事象や出来事の深層で変わっていく女性の「身体」、具体的には衣食住とセクシュアリティ、生殖や子育てに注目します。また、家族観や、女性観／男女観を含む社会規範にも目配りをします。なお、「女性」という括りだけでなく、彼女らがどんな階層や世代に属し、どこで占領を迎えたかという地域も占領経験に大きく影響しますが、ここでは時間の制約でふれておりません。

②占領軍の女性政策、具体的には参政権の獲得につづく、女性の地位改革のための諸政策について重要なのは、女性たちがそれらをどのように受け入れたのか、です。いいかえれば、占領軍の女性政策がどのくらい女性たちの暮らしの必要に受け皿をもつものであったのか、という視点を大切にします。

③歴史的記述の方法として、当時の先行きどうなるか分からない不確実性のなかで見えてくることと、今の時点からふりかえるときに見えてくることを、できる限り区別して報告したいと思います。

④「パンパン・ガール」（占領軍相手の売春婦）、「戦争未亡人」、戦争がつくった社会的シングルズ（「戦争独身婦人」）など、女性解放の「外部」に生きた女性たちの生活世界にも注目したいと思います。ただ、今日は時間の制約で売春婦のみにとどめ

よってもたらされたものである。それを、経済や政治のそれになぞらえて「家族の五五年体制」と呼ぶ。この「家族の五五年体制」の前提となっていたのは、「生産活動―男性」が優位に、「再生産活動―女性」が劣位に位置づき、それが「公―私」の関係と重なりあう「ジェンダー（男女に関する社会的・文化的性差）の非対称性」、いいかえれば性別分業規範である。その意味で、「家族の五五年体制」は「ジェンダーの五五年体制」といいかえてもよいだろう。

ています。

⑤全体として、占領期が女性たちの解放にもたらした明暗と、歴史経験における両義性のありように注意を払いたいと考えます。

以上の点を、時間の許す限り明らかにしながら、どのような契機のもとにどのように「家族の五五年体制」が形成されていったのかを、女性たちの経験の内部に分け入って考えてみましょう。それは、その後の日本社会における女性解放の歴史的な展開を跡づけていくためにも、避けて通ることのできない基礎的な作業だからです(3)。

戦時下から戦後への暮らしの「連続性」

生きるための前線の闘い

ここに一九四三年（昭和一八）一一月一日から四六年（昭和二一）六月末まで、東京・世田谷区の主婦がつけた家計簿があります。八月一五日の敗戦、家計簿には「遂ニ最後ノ日来ル」と欄外に書き込みがありますが、いつものように野菜の配給があったこと、疎《そ》開《かい》先の子どもに送るハガキ二枚を買い求めたことが書かれています。日記には、その後も同じような日常がつづられています(4)。

女性たちにとって、戦時期―敗戦―占領期は、「生活の連続性」という点で、また、

(3) このコメントは、天野正子「〝解放〟された女性たち～〝ジェンダーの五五年体制〟へ～」（中村政則ほか編『戦後日本　占領と戦後改革3　戦後思想と社会意識』岩波書店、一九九五年）を基礎に、再編・加筆したものである。

(4) 加納実紀代『女たちの〈銃後〉』筑摩書房、一九八七年。

家族の生命維持の責任をほぼ全面的に担わねばならなかったという点で、地続きでした。日中戦争からアジア太平洋戦争に至る総力戦は、戦場だけで行われたのではなく、その意味では「銃後」はなかったのです。配給生活と闇取引、空襲と疎開（疎開者には女性と年少者が多い）、衣類を手放しての食糧の買い出し（その主力は女性たち）、空き地を利用しての野菜の自家生産など、家族を飢えさせないこと、そうした日常生活そのものが戦争でした。その戦争は占領下もつづいていきます。

戦後初のメーデー直後に開かれた東京世田谷の「米よこせ区民大会」（一九四六年五月一二日）、つづいて食糧メーデーと呼ばれた食糧危機突破人民大会（同年五月一九日）で、女性たちは演壇に立って、乳児や子どもへの食糧の増配を訴えています。そうした動きは、女性たちにとって、戦争のための「銃後」の闘いから、生きるための「前線」の闘いへの切り替えを意味しました。

そこから敗戦の衝撃ないし受けとめ方も、男女で明らかに違いました。女優の沢村貞子さんとその母、義妹が天皇のポツダム宣言受諾の放送をきいて、しばらく茫然自《ぼうぜんじ》失《しつ》のあと、「戦争をして殺しあっているよりましでしょ」と家中の掃除をはじめ、負けて生き恥をさらすより「青酸カリを飲んで死のう」と心を決めていた兄をあきれさせるシーンは、一つの典型例でしょう。(5)

敗戦の傷あとは、天皇制国家や軍隊、戦争に一体化し、そこに自己アイデンティティの中核をおいてきた人ほど、いいかえれば男性ほど深刻であったことを、当時書

(5) 沢村貞子『貝のうた』暮しの手帖社、一九七八年。

かれた日記や記録は伝えています(6)。

それらの資料から見えてくるのは、国家や戦争に一体化していた男性に比べて女性には、第一に、「後悔・悲嘆・残念」というより「ほっとした」という安堵感と解放感が強く、第二に、屈辱感や虚脱感より「何とか生きていける」という「自信」がみられ、また第三に、戦時下から敗戦後につづく消費物資のひっぱく、とりわけ食糧事情の悪化が、彼女らに戦争指導者に対する不信感を呼び起こす要因の一つとなっていたことがわかります。

明るい不安

こうして日常生活を守る闘いそのものが戦争という、戦時ならびに敗戦体験が、参政権が与えられる前に、すでに一定の数の女性たちをめざめさせていたとも考えられます。

また、家族の生命維持の責任を背負わねばならなかった女性たちが、米軍の放出物資(四六年一月小麦の大量供給にはじまる)とともに、敗戦を受け入れていくプロセスは、のちに彼女らがかつての「敵国」の食からファッション、ライフスタイルに至るまで、アメリカナイゼーション(アメリカ化)を受け入れていく社会心理の下地になっていきます。

たとえば敗戦間もない九月一〇日の日記には、まだ米軍のことを「敵」と呼んでい

(6)大竹勉「八月十五日」(河邑厚徳編『昭和二十年八月十五日　夏の日記』)角川書店、一九九五年など。

る軍国少女・芹沢茂登子さん（大阪府）は、四六年の秋、放出物資の小麦で焼き上げられたフワッと柔らかいコッペパンの配給に、こんなおいしいものを食べていた米軍に日本が勝てる道理がなかったのだ、と米軍の放出物資と「敗戦」をやっと受け入れる気持ちになった、と日記に書いています。(7)

こうして全体としてみれば、占領の初期というのは、占領改革とは何なのかも、また民主主義が何なのかさえ定かではなかったのですが、女性ひとり一人がそれぞれの実感や直観を頼りに、新しい生き方の具体的な形を探し求め実践していくしかない、明るい不安、いいかえれば不安と期待、そして一つの光源となりうる解放のイメージが、「時代の気分」としてあふれていたことを、草の根の女性たちの記録は伝えています。

一つだけ、「時代の気分」を象徴するような例をあげておきましょう。敗戦翌年の春、ある化粧品会社が地方雑誌に載せた広告コピーには、こう書かれています。「女は男の私有財産であってはならない。女も男と同一の権利があたえられました。ユゼ洗粉は貴女の心身を清め、民主主義の息吹をあたえるでしょう」。アメリカのメリーランド大学のプランゲ・コレクション(8)に収められている雑誌の中に、この広告コピーに出会った時、びっくりしましたね。民主主義とは男女平等と同義語なのだという時代の気分を、この小さな化粧品会社の広告コピーは端的に映し出しています。(9)

(7) 芹沢茂登子『軍国少女の日記』カタログハウス、一九九五年。

(8) GHQによって検閲された資料が収集されている文庫（メリーランド大学）。収集者は日本に駐留軍の一員として赴任したゴードン・ウイリアム・プランゲである。なお、詳細はコメント2のコラム1（大串）も参照。

(9)『生活者』［岩手県］一九四六年三月号。

ＧＨＱの女性政策の特徴／その受容プロセス

制度の非連続性と意識の連続性

戦前期との訣別（不連続性）は、なによりも女性解放からはじまりました。新憲法の制定以前にすでに、戦前以来の女性の参政権への要求が達成され、新制度による第一回の総選挙（四六年四月一〇日）が行われるからです。

敗戦から一〇日目の八月二五日には早くも、戦前期から選挙権獲得運動を推進してきた女性運動家たちが「戦後対策婦人委員会」（市川房枝、山高しげりほか）を組織し、九月に入ると、日本政府とＧＨＱの双方に対して、女性の参政権と政治的権利を要求していきます。占領軍の政策もさることながら、いち早く女性運動家の運動が再開され、参政権要求の強い声がＧＨＱに届くことがなかったら、参政権の実現はさらに遅れたかもしれません。日本の民主化を自分たちの手でという声が、なによりも女性たちの間からあがったことは記憶されてよいでしょう。

当時の女性たちの日記を読むと、明るい混乱や戸惑いのなかで、この「とき」を待ち焦がれていた女性たちの存在を確かめることができます。

敗戦を山形県の羽前《うぜん》大山町で迎えた宮下喜代さんは日記に、女性の国政参加が「婦人解放の具体的な実現」と平和への意思表示であり、「先のみえないその日暮らしが強いられる」生活を代弁してくれる者を議会に送る必要があると、明快に記しています。[10]そこでは参政権行使のねらいが、「生活問題の政治化」であることがはっきりと自覚されていました。

その宮下さんには、敗戦間近かの東京大空襲の日に、父、弟、妹を失い、その数日後には生き残った母の自死にむきあわねばならなかった原体験が、凍結されたまま刻まれていました。ここでも彼女が経てきた「戦争と敗戦」体験が、参政権が与えられる前にすでに、彼女を政治へとむけさせる意識の基盤をつくっていたのです。自分が一票を投じた女性候補者が当選したことを知って、宮下さんは「しっかりやってほしい」と、期待と励ましをこめてハガキを書きます。しかし、返ってきたのは通り一遍の言葉が印刷されただけの手紙、しかも差出人は当選者の父親でした。はじめて民主的な方法で選出された女性議員の登場でしたが、これまでとは別の「新しい意識の息吹」を運んでくるものではなかったのです。

制度の非連続性と意識の連続性――。宮下さんは手紙をちぎって焼き捨てます。女性の投票率は予想以上に高く（六九％、政府の予想率四～五〇％）、この選挙で一挙に三九名の女性国会議員が誕生しました。

女性政策の光と影

さて、ＧＨＱの女性政策はどのような特徴をもち、その限界とは何だったのでしょ

(10) 宮下喜代『街に生きる』思想の科学社、一九八五年。

うか。

女性政策、具体的には日本国憲法の第一四条（国民の法のもとでの平等）や第二四条（家族生活における個人の尊厳と両性の平等）、労働基準法の第四条（男女同一賃金の原則）、そして新民法にもりこまれた女性の権利保障（財産権や相続権など）の立案過程については、すでに複数の精密な研究がなされています(11)。それらの研究からみえてくる共通点は、以下の通りです。

①女性政策形成の推進力

政策立案にあたっては、日本女性の権利について、純粋な改革理念を抱いたGHQ内部の中・下級の女性職員（ベアテ・シロタ、エセル・ウィードなど）がリーダーシップをとり、日本側の女性指導者（加藤シズエ、田中寿美子、藤田たきなど）が彼女らと結んで、GHQのもつ権力をフルに活用しました。つまり、女性の権利に関する政策形成に大きな役割を果したのは、占領するものと占領されるものとの立場をこえて形成された、日米女性の「女性政策同盟(12)」であったのです【史料1】。その内容は、日米上層部の意図をはるかにこえる、先進的な性格をもっていました。

②女性解放理念の特徴

しかし、一方で女性政策のモデルとされたのは、当時のアメリカの市民家族観と女

(11) 上村千賀子『女性解放をめぐる占領政策』勁草書房、二〇〇七年、豊田真穂『占領下の女性労働改革』勁草書房、二〇〇七年。

(12) 最近の研究では、「女性政策同盟」がその名のように、「同盟」としての実質をもちえるものであったのか、とい

【史料１】　占領軍組織内における女性の政策同盟

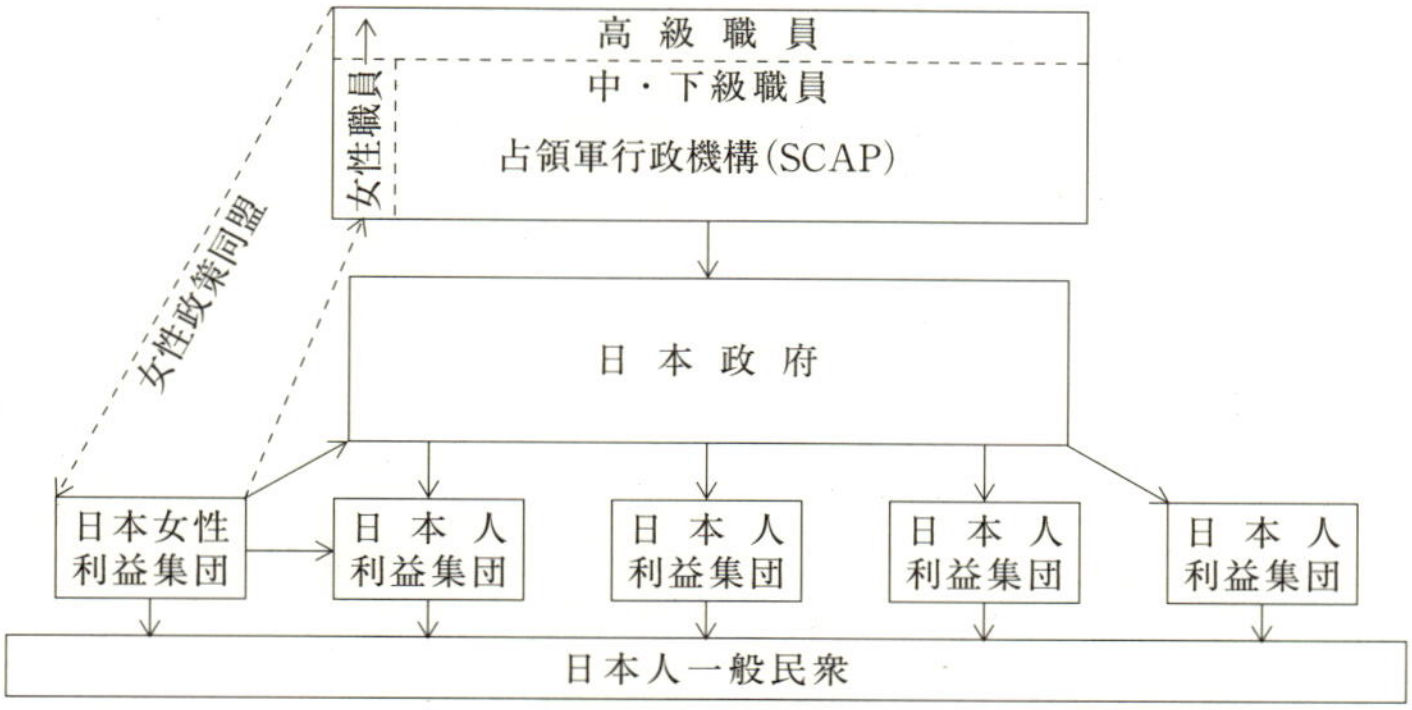

出典：スーザン・J・ファー「女性の権利をめぐる政治」坂本義和ほか編『日本占領の研究』東京大学出版会，1987

性観でした。それは、女性に市民や労働者として多元的な社会的役割を認める一方で、第一義的な役割は、あくまでも妻・母・主婦の家庭役割に求めるものです。つまり性別役割分業を前提としていました。確かに、それは、家制度のもとで、女性を妻・母・主婦の一元的役割に囲いこむ日本社会の女性観からいうなら、進歩的でした。しかし、なぜ、女性だけが家事をし、子育ての責任を担わなければならないのか、そのこと自体が問題視される「いま」という時点からみれば、歴史的制約を免れぬものでした。

③女性政策の限界

こうした女性解放の施策の背後で、たとえば売春禁止法などはGHQの指導者たちの支持を得られないまま、日本政府の指令

う疑問とともに、政策推進主体がこれまでの理解をこえて複雑な性格をもっていた事実が提示されている（前掲『占領下の女性労働政策』）。推進主体の多様なメンバーの階層差やジェンダー観に注目すれば、日米間の対立や攻防の存在は考えられるが、「女性の権利」を保障するという点では、日米間の女性たちの「同盟」としての実質をもつものであったといってよい。

↓GHQの同意という形で、駐留軍慰安婦施設の充実がはかられるなど、特定の日本女性に大きな犠牲を強いるという矛盾がありました。

また、日本側の女性指導者がGHQによって選び抜かれたエリートであったことも、底辺の女性労働者や売春の問題を先送りにさせ、適切な問題解決の対応を遅れさせました。

「解放」のゆくえ

問題は、くりかえしになりますが、こうしてつくられた新しい制度や法律を、女性たち自身が自らの意識と生活の深部における変革として受けとめ、その必要を通してどこまで定着させることができたのか、です。

結論的にいえば、占領政策によって与えられた女性解放の枠組みを、十分に生かすことができなかったのです。時間の関係で事例を一つのみあげるなら、エセル・ウィードの肝いりでできた「進歩的」女性団体といわれた婦人民主クラブ(13)は、政党各派の動きに組み込まれ、内部分裂を重ね、女性運動としての固有の課題と自律性を失っていきます。労働組合の婦人部活動も、対立し分裂する政治運動のなかに組み込まれ、その一翼を担うものへとなっていくのです。

一方、敗戦直後、闇とインフレ時代を生き抜くための切実な問題意識に支えられ、各地に生活物資購入の情報交換を中心とする、自主的な家庭婦人の集まりが生まれま

(13) 一九四六年三月結成、発起人は羽仁説子、宮本百合子、加藤シヅエ、佐多稲子、松岡洋子ら。「婦人の抑えられた全能力の発揮を期し、日本の輝かしき民主化

した。そこには、仲間同士の相互扶助という、もっとも本源的な人間感情が生き生きと交流しあっていました。しかし占領が進むにつれ、その多くは地域婦人団体として、既婚女性一戸一人加入を強制しないまでも原則とし、かつての大日本婦人会(14)と同じように行政の下請け機関的性格を強め、やがて保守政党の票田となっていきます。そこには、占領政策の転換というだけではすまされない、女性たちの内面に残された「戦時体制」期の遺産の継承を指摘することができます。

このように参政権の獲得というかたちで、戦前期以来の女性解放運動の第一の課題が達成されたあと、一方では、「進歩的」女性団体や労働組合婦人部の分裂と対立がすすみ、他方では、旧リーダー層や団体の復活が進行していきます（**コラム1**）。

新民法と世間との間

「女と男」の舞台装置

女性たちの暮らしの舞台装置の変化として、民法改正による家制度の否定がもった意味は大きいものでした。その基礎となったのは、女性の権利を公的な範囲だけでなく、家族という私的領域についても保障する新憲法第二四条（家庭生活における個人の尊厳と両性の平等）です。この条項については、日本政府が強く抵抗したことが知られています。男優位―女従属という日本の「麗しい」家秩序を脅かすものと考えら

達成のために進む」ことを綱領に掲げて発足した。

(14) 一九四二年、政府によって結成された各種婦人会の統合組織。二〇歳以上の女性はすべて加入を強制され、大政翼賛運動の推進団体となった。

れたからです。新民法は、当時それほど内容的には急進的であったのです。ただしそれは、女性の参政権や男女共学のような目に見える改革とちがって、それ以前の内面化された価値や規範、慣習との日常的な闘いを要求するものであり、それだけに、現実の変化にすぐにはつながりにくい性格をもっていました。価値観における旧世代とのギャップも小さくなかったのです。

とくに農村では、たとえば自由恋愛や恋愛結婚という新たな規範一つをとっても、それを戦前以来の「世間」的なるものの中に閉じ込め、親世代との摩擦を最小限に抑えようとする心性の強かったことを、当時の青年団の会誌が伝えています。その傾向はとくに男性の方に強くみられました(15)。

恋愛結婚の普及と定着にあたえた実質的な影響力は、民法改正よりも一九五〇年代後半以降の高度産業化の方が、より強かったといってよいでしょう。産業化、都市化とともに進んだ核家族化（近代家族化）が、一方で嫁—姑問題の基盤を取り払い、他方では、「結婚するなら恋愛で！」という恋愛結婚イデオロギーを、大衆的規模で全国的に普及させていくことになります。

一方、都市部で新しい家族像のモデルとなったのは、占領を通じて一挙に身近になったアメリカにおける夫婦像です。全国各地で年間延べ数百回も行われた婦人問題講習会でのアメリカ人女性職員のスピーチと、どっと入ってきたアメリカ映画が、モデルとしての夫婦像を示す役割を果たしました。愛情に結ばれた夫婦の理想像（夫婦

(15)次のような投稿がある。「男女同権といっても妻となる人は、日本女性の美徳たる女らしさを失ってはならない」（橋本生「女性の反省と自覚を促す」『大野』［福岡県］創刊号、一九四七年三月）。このことは裏返せば、家族のありかたを伝統的な規範の枠内に留めよう

家族イデオロギー）と、夫婦と子どもから構成される核家族像。それを新聞や雑誌などのマスメディアがさらに普遍化させる役割を果たしたのです。

ＧＨＱで働いていたアメリカ人女性職員の間には、アメリカを世界でもっとも女性の解放された国として描き出す傾向がみられました。そこには離婚も男女の不協和音もありませんでした。一九四八・九年頃のアメリカでは、第二次世界大戦中の「女よ、社会へ」が一転して「女よ、家庭へ」と変わり、家庭への回帰が進んでいたのですが……。

とくに当時の女性たちの心をつかんだのは、一九四九年（昭和二四）元旦にはじまり講和条約が締結する五一年（昭和二六）まで、『朝日新聞』に連載された家庭マンガ『ブロンディ』（チック・ヤング）でした。ブロンディ一家の大きな冷蔵庫には、いつもたっぷりの卵やハム、ソーセージが入っています。それがアメリカの「普通の」豊かさとは！　それだけではありません。若々しく自分の意見を通すブロンディ、いつもヘマばかりしてブロンディの前で小さくなっている夫のダグウッド！

こうした物質的にめぐまれた快適な暮らしと、男女の「性別分業」を土台とする家族のあり方や「レディ・ファースト」の文化に、男性よりも女性たちがどれほど羨望のまなざしをむけていたかについては、さまざまな記録が残されています【史料2】。

とする社会的圧力が、男性より女性に強く働いていたことを伝えている。綱領に「女子は特に婦徳の涵養に努む」という一項をかかげ、その実践のために「修養部」や「家政部」をおく青年団も少なくなかった（『おくたむら』〔岩手県〕一〇号、一九四七年六月）。

【史料2】「ああ、レディ・ファースト」

ある女性は次のような投稿をしている。

「マッカーサー元帥が元旦の朝、祝典に出席のため出発した写真をみると、夫人が元帥の前面を歩いている。その反対に日本の天皇の場合、皇后がいつも数歩うしろにいる。大臣なんかの場合も、夫人を前に親しみ易い写真は全くみられない。(中略)女性への男性の深いいたわりと愛情がレディ・ファーストであり、このために男女平等の基本線は少しもこわれていない」(野口トキ「投稿欄」『日本婦人新聞』一九四八年九月三日)。

アメリカ社会の規範としてのレディ・ファーストは、本来、劣者に対する優位にたつもののいたわり、いいかえればジェンダーの非対称性のうえに立っている。しかし、日本女性の目には、それが女性解放の新しい姿と映ったのである。アメリカを過剰に美化しようとする心情のなかに、法律は変わっても変わらない日本社会の夫婦関係をめぐる女性たちの深い苛立ちが、隠されていたとみるべきだろう。

民主的な高まりに呼応して、たとえば男性の「オイ、オマエ」という呼称の廃止を提唱して実践するなど、私的領域での両性関係の変革を、「闘い」の対象とした女性たちも存在しました(16)。

しかし全体としてみれば、マスメディアを通して流されるアメリカの「民主的」家庭像に憧れ、それとの落差の大きい夫婦関係の現実に苛立った女性たちも、しだいに両性間の「平常への復帰」を求めて、心情的に保守化していきます。

ようやく戦場から帰還した夫との家庭生活を取り戻した妻たちは、なによりも「安定」を求めたのであり、また、当時の経済的な貧しさが、夫婦の「関係の変革」よりも「生活の安定」を先行させたのです。こうして敗戦直後の混乱と昂揚が収束していく五〇年代半ばから、徐々にすすむ女性たちの「主婦化」の心理的下地がつくられていきます。

身体性（セクシュアリティ―生殖―子育て）とその変容

性的タブーからの解放

占領期は、その刻印が、性（セクシュアリティ）と生殖をめぐる女性の身体に深く刻まれた点で、特異な時代だったといってよいでしょう。

「占領」が女性の身体にもたらしたのは、なによりも性的タブーや「生殖としての性」からの解放であり、さらには「子沢山」からの解放でした。家制度のもとで抑圧

(16) 吉村君子「オイ、オマエの廃止を提唱」（[投稿欄]『日本婦人新聞』一九四九年四月一五日）。

されてきた性の「快楽」要素の復権は、これまで生殖ときりはなされた性などありえなかったごく普通の女性たちにとって、それは大きな身体的な解放を意味しました。死と隣り合った時代の反動としての生への価値転換、家族や共同体の相対的な規制力のゆるみ、キンゼイ・リポートや雑誌『夫婦生活』にみるアメリカ的性文化の浸透、中絶禁止法の解除と避妊法の普及などが、そうした解放の背後に相互作用的に働きました。その身体性の変容が同時に、日本の家族の急速な近代家族化をもたらす強力な動因となっていきます。

性的タブーを取り除くうえで大きな役割を果たしたのは、雑誌『夫婦生活』(夫婦生活社)です。一九四九年(昭和二四)五月に創刊されたこの雑誌は創刊号七万部を即日完売し、さらに二万部を増し刷りするほどの売れ行きを示しました。同年一二月号は二五万部、翌年の新年号は三五万部に達しました。その成功のカギは「夫婦」という誌名をうたうことにより、「正常」な男女の性関係を扱う雑誌であることを明らかにして、この種の雑誌を買うことへの心理的抵抗感を取り払った点にあるでしょう。[17] 女性の読者が少なくなかったことは、「読者の声」欄への投稿からも伺われます。

夫婦の交歓の自由を主張することによって、伝統的な家制度のモラルをゆるがせはじめた点で、この雑誌は画期的な意味をもちました。しかし、そこに描かれた性関係の基本的なパターンは、依然として「男があたえ、女が受ける」であり、男優位への

(17) 横山貞子「『夫婦生活』におけるユートピアの創造と終焉」(『思想の科学』一九六二年六月号)

疑問はそこにはみられませんでした【史料3】。

ここで結論を先どりすれば、戦後になって、性、とくに快楽としての性が日本社会に侵入してくる水門は、戦前に比べて広がりました。しかし、その水門の広さには男女差がありました。具体的には第一に、女性の性体験は結婚により、また男性のリードによって受動的に与えられるものとされ、それと関連して第二に、「男は良いが、女はダメ」という性の二重基準が維持されるからです。女性の性の自由な発現には、当時なお、社会／文化的な抑圧が課されていたことが分かります。

女性たち自身、「性と生」が互いに切り離せない、いわば地続きの問題であること、性的関係が当時の男と女の生活現実の落差をはっきりと反映するものであることを、まだ見抜くことができなかったのです。女性たちが「性」の場を規定している「生」の場そのものの根底的な変革、いいかえれば性別分業体制の変革という新しい段階へとすすむには、七〇年代の第二波フェミニズムの展開まで待たねばならなかったのです。

再登場する「国策」

敗戦直後の性の解放は、戦場から帰還した男性を迎えて、第一次ベビーブームをもたらしました。どんなに多くの赤ちゃんが生まれたのか。兵庫県尼崎市に住む「産婆さん」の前田たまえさんは、一九四三年（昭和一七）から九一年（平成三）までの五〇年間に八〇〇〇人の赤ちゃんをとりあげましたが、その一割を占める八〇〇人が四

【史料3】『夫婦生活』

雑誌『夫婦生活』。左は創刊号（1949年6月号），右は「夫婦の性生活四十八手」特集号（1950年12月号）。（歴博所蔵）

この雑誌は、「夫婦の交歓の自由」という一点にかけて、伝統的な家族制度をゆさぶり、男女のより大きな性的自由を創り出そうとした点で、たしかに大きな意味をもった。

しかし、第一に『夫婦生活』には、キンゼイの名が権威づけとして頻繁に登場しているように、性行為のモデルはアメリカ人にあり、その点で限界を免れなかった。

第二に性交回数や性交時間、性的パートナーの数など、もっぱら数量的な「業績」を「男らしさ」を測る尺度とするアメリカ的な性文化は、その後の男性中心の性文化の形成に影響をもった。

また、『夫婦生活』は「夫婦の性生活四八手」（一九五〇年一二月）、「夫婦の性生活四八手・姉妹編」（五一年四月）、「新編・夫婦の四八手」（五一年一二月）というように同工異曲をくりかえし、そこでの性関係の基本パターンは「男が主・女が従」であり、男女の性関係の変革をもたらす可能性は小さなものでしかなかった。

七年から四九年までの三年間（第一次ベビーブーム）に生まれたそうです。「あの頃、どんだけ忙しかったかていうたら、そら、すごい。猫の手を借りたいほど、ていうことやな」と前田さん。(18) しかし、極度の物資不足と就職難のなかで、このブームは喜んで受け入れられたのではありません。

養育費や配給品の着服目当てに、預かった乳児一〇三人を意図的に不完全保育により死亡させるという、東京新宿の寿産院事件（一九四九年一月）はこの時代を象徴する事件でした。

三四・三（人口一〇〇〇人対）という高い数値を記録した一九四七年が過ぎ五〇年になると、出生率は急激に低下し、五五年には一九・四という最低値を記録します。合計特殊出生率（一人の女性が一五歳から四九歳までの再生産年齢期間に産む子ども数）でいえば、二・二となります。夫婦に子どもは二人か三人という家族サイズが定着していくのです。その後、出生率は七五年（昭和五〇）にがくっと下がって二・〇台を割り込み、さらに一・五七ショックといわれて出生率が社会問題化する八九年（平成元）までは、ほぼ二・〇弱という数値で推移することになります【史料4】。

その要因は他でもありません。人工妊娠中絶の合法化であり、それとセットですめられた家族計画の普及でした。四八年に優性保護法が成立し、五二年には同法の改正によって中絶の条件が大幅に緩和され、同時に受胎調節指導員制度が発足します。それまで一貫してとられてきた多産の奨励策が、国民の生活水準をこれ以上低下させ

(18) 井上理津子『産婆さん、五〇年やりました』筑摩書房、一九九六年。

【史料４】　二人っ子革命【合計特殊出生率の推移】

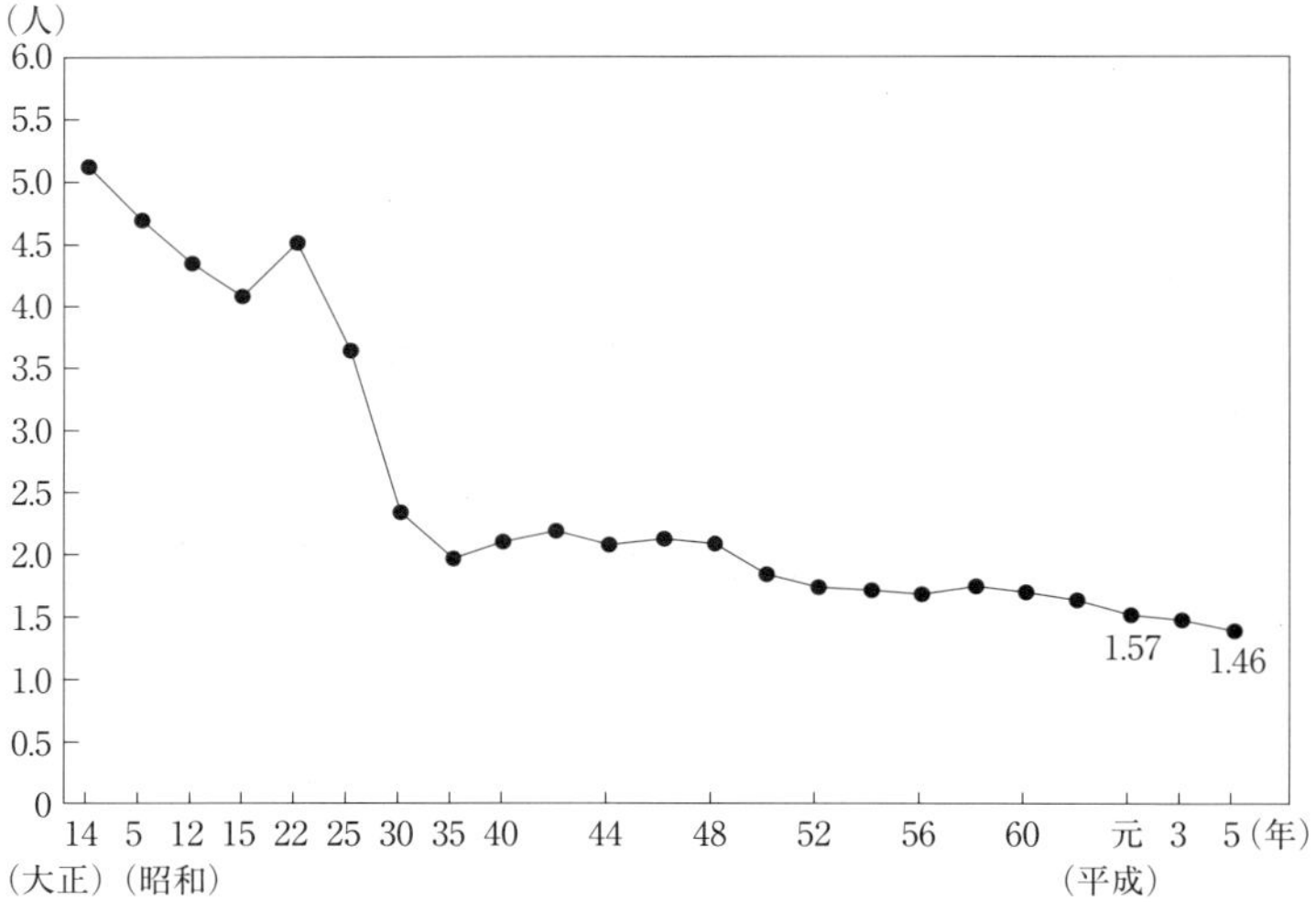

出典：『国民生活白書』（平成６年版）

ないために、一転して人口抑制策にとって代わられたのです。加えてそこには、日本の大陸侵略の原因が、人口過剰と低賃金にあったと考えるＧＨＱの思惑も働いていました。

女性の生活に与えた影響の大きさからいえば、優性保護法は参政権以上に大きな意味をもつものだったといってよいでしょう。こうして日本女性は他国に先駆けて、中絶の自由を得ることになったのです。

子ども――「授かりもの」から「つくるもの」へ

ヤミ堕胎への不安、子沢山と重労働という「宿命」に縛られてきた女性たちにとって、中絶の合法化は間違いなく「解放」を意味しました。しかし、それが天下り式の自由であり、女性たちの運動を通して獲得された権利でないことは、あとに問題を残しました。

第一に、産む自由への国家の介入がいつでも行われる可能性を残したこと、第二に、優性保護法には中絶の合法化と優生思想（一九四〇年に制定され、ナチスの断種法をモデルとした「国民優生法」を引き継ぐ）という性格の別個のものが併存したため、女性の産む自由を保障しながら、国家の意思として、人口の「質」を規制するという矛盾が残されたことです。

とくに第二の点のもつ問題は、大きいと考えます。産児制限の理由が、その比重を、母体保護や食糧／失業問題の解決よりも、経済の復興政策の一環としての、すぐれた労働力育成へと移っていく危険性があったからです。

敗戦後まもなくコンドームやペッサリーがすでに市場に出回っていました[19]。加えて、「一姫二太郎サンシーゼリー」や「計画産児時代、サンプーン錠」といった避妊薬の広告が、急速に身近なものになっていきます**【史料5】**。企業が新生活運動という名で、従業員の家族計画の指導に乗り出すのもこの頃です。私的な生活空間であるはずの家族が、労働力の再生産空間として、企業の配下におかれはじめたのです。

国策としての産児制限の動きを、草の根の女性たちがどう受けとめていたのかを示す資料は少なく、詳しいことはわかりません。しかし、『主婦之友』など女性雑誌は、

---

(19)日本近現代の避妊法の歴史については、天野正子・桜井厚『「モノと女」の戦後史』平凡社、二〇〇三年に詳しい。戦後の産児制限については、鶴丸幸代「独立と産児制限」女たちの現在を問う会『銃後史ノート戦後篇』インパクト出版、一九八七年を参照されたい。

【史料5】 計画産児時代（避妊薬の広告）

（歴博所蔵）

家族計画関連の記事を次々に掲載し、子どもは少なく「つくる」ことが、家族の幸福のカギをにぎるという考え方を広める役割を果たしていきます[20]。それは、女性にとって、性と生殖とがはっきり分離したこと、さらにいえば、子どもの存在が、「授かりもの」から「つくりあげる」対象に転換しはじめたことを意味しました。

それにしても疑問に思うのは、中絶の合法化や家族計画をめぐる一連の動きを、もう一方の当事者である男性がどのように受けとめていたのか。資料もなく、みえてこないことです。女性だけの問題とされてきたこと自体が、大きな問題といえるでしょう。

(20) たとえば「産児制限をどうする?」（『主婦之友』一九五一年五月号）。

つくられる新たな身体規律

子どもを少なく産むのであれば、出産はこれまで以上に「安全」でなければなりません。「お産婆さん」の前田たまえさんは言います。「病院で産むのがハイカラな流行になって、言うてみたらお客を病院にとられたわけ」。それだけではありません。「産ますために産婆になったのに、アホらし」いことに、五三年、彼女は受胎調節実地指導員として、再び「国策」のもと、「産ませんようにするため」の指導をする立場になります[21]。

話をもどすと、計画出産の普及と少産志向をすすめるうえで、ＧＨＱによる助産制度の改革もまた、大きな役割を果たしました。その助産制度の改革目標とは、①非近代的な「産婆」の名称をやめ、助産婦を正式名称とする、②保健婦・助産婦・看護婦を一つの職能に統合してその専門性を高める、③お産は医師と産科看護婦による施設分娩とする、の三つをさします[22]。

こうして産婆から産科医への介助者の交代、家庭から助産所や病院へのお産の施設化が、ＧＨＱの助産制度の改革のもとで徐々にすすんでいきます。新生児死亡率は年とともに低下し、お産の施設化／医療化は、確かに出産の安全性を高めました。女性たちは、子どもの死という辛い悲しい体験をしなくてすむようになりました。しかし、この安全性を過剰に強調した医療としてのお産は、女性から自らの力で産む主体性を弱めることになります。それは当然のことながら、お産は「産む」ものから「産

(21) 前掲『産婆さん、五〇年やりました』。

(22) 大林道子『助産婦の戦後』勁草書房、一九八九年。

ませてもらう」ものへと女性の身体感覚を変えていきます。

それは女性にとって新しくつくられた身体管理ならびに身体規律を意味しました。

「良い子」を育てるために

自分で産んだという実感の薄いお産のありようは、「育児」にも影響を及ぼします。子育てがお産と同様に医学や生理学に組み込まれていく契機もまた、占領期にありました。

一方、伝統的育児法が家制度とともに批判され否定されるなかで、アメリカ型の「科学的」育児法が、子育てに悩む女性たちの大きな拠り所となっていきます。それは医師や保健所依存の育児の「制度化」の時代であり、それを推し進めたのはアメリカ占領軍の「威光」でした。

「科学的」育児法の導入は、確かに衛生や子どもの発達に関する女性たちの認識を高めていきます。しかし他方で、それは母親を、育児の専門家や専門機関、育児書から指導され啓蒙される存在として位置付けるうえで、無視できない役割を果たすことになります。

占領下の人口抑制策は、こうして女性の身体管理をすすめる社会装置として、その性と生殖に深い影響を及ぼしました。女性たちはそれによって長い間望んできた「生殖としての性」、子沢山と重労働からの解放を手に入れたわけです。それはまた、女性たちが、一見、子どもを産むかどうかの自己決定権を獲得したことを意味するかのようにみえます。みなさんはどう考えられるでしょう。私は、必ずしもそうとはいえないと考えます。占領後期という時代に、「意志的」な行為としての「生命の生産」は、経済の復興にむけてすぐれた労働力を育て提供するという、「生産の論理」と結びつく側面をもっていたのではないでしょうか。

二人か三人の少ない子どもを産んで「良い子」に育てる――「よい子」を育てるには、女性は子育てに専念し、子ども中心の生き方を選択するのが望ましいという規範のはじまりでした。高度成長期の、家事育児を専業とする大量の主婦の登場、「子育てに専念したあと再就職」という、子どもの成長過程に組み込まれた女性のライフコース・パタンの原型は、ここにも根をもっています。

こうして女性たちは「家族の幸福」という名で、産業社会の人材育成の役割が期待されていくのです。

解放の「外部」に生きた女性たち

「受難」の体現者

女性にとって、戦後改革でもっとも変わったのは、「制度」でした。戦後の一連の法改正と改革は、さまざまな「制度」の戦前との断絶・非連続性をもたらしました。

これに対して、もっとも変わりにくかったのは、人々の女性をみるまなざし、社会規範の表現である女性観です。それは、敗戦前からの連続性を色濃く残していました。そうした人びとの変わらぬ女性観の特質は、「受難」の体現者である「戦争未亡人」や「戦争独身婦人」、売春婦（パンパンと略す）に対する社会的視線にはっきり読み取ることができます。

満州事変に始まり、太平洋戦争を経て一九四五年にいたる戦死者の総数は、二〇〇万人とも三〇〇万人ともいわれます。正確な数はわかっていません。一九四九年に厚生省が行った調査によれば、全国の未亡人数は約一八八万人、うち六〇万人が「戦争未亡人」でした。敗戦により「靖国の妻」の栄誉から「軍国の妻」の屈辱へと大きく変化する中で、「戦争未亡人」は苦難の生活を強いられます。[23]

戦争はまた、未婚の女性を大量に生み出しました。結婚したいという願望とかかわりなく、戦争は未婚男性の戦死者の数だけ、独身女性を生みだしたからです。戦後のインフレのなかで、女性の結婚難は同時に、生活苦と就職難を意味しました。

戦争が生んだその「社会的シングルズ」というべき人びと——。一九六五年の国勢調査によると、三五~四九歳層（敗戦時に一五~二九歳）の女性は五歳上の四〇~五四歳層（敗戦時に二〇~三四歳）の男性と比べれば、実に二五五万人も多かったのです。[24] 結婚することが女性にとっての一人前規範とみなされる日本社会のなかで、独身で生きる女性たちが十分な公的保障を欠いたまま、年齢を重ねてきたことが分かり

(23) 鹿野政直「戦争未亡人」（朝日ジャーナル編『女の戦後史Ⅰ』）朝日新聞社、一九八四年。

(24) 塩沢美代子・島田とみ子『ひとり暮しの戦後史』岩波新書、一九七五年。

ます。[25]ここでは時間の制約から、「売春婦」に焦点をあてて報告したいと思います。

敗戦と占領、生活苦という三つの組み合わせは、いつの時代、どこの国でも性を生活の手段とする女性を大量に生み出します。しかし、敗戦のわずか三日後、政府が率先して進駐軍むけ政府公認の慰安婦の提供を決定した例は、他国にはみられません。自国の占領経験をもたない日本政府は、日本軍の侵攻が東南アジアで引き起こしたのと同じ状況が国内でも起こるだろうと予想し、実にすみやかに「外国駐屯軍慰安施設等整備要項」と題する通達を都道府県あてに出します。

こうして一三六〇人の女性が政府公認の慰安婦となります。一般家庭の女性を守る、いわゆる「性の防波堤」として、慰安婦たちは「銃後の守り」から「戦後の守り」を担わされることになります。

占領下の暗部

因みに占領軍の性秩序については、日本軍が中国大陸で行った不法行為と比べて、その「見事さ」を評価する見方が一般的です。占領軍には民主主義的解放軍というタテマエがあり、そこから日本女性に対する性的不法行為は予想外に少なかったとされています。少なくとも日本軍が中国大陸で行った不法行為と比べれば、問題にならないともいわれます。

しかし、それはあくまでも比較の問題であって、侵されたのは個々の女性固有の人

(25)「戦争独身婦人の戦後」については、天野正子『「つきあい」の戦後史』吉川弘文館、二〇〇五年に詳しい。

権です。女性解放の施策の裏で行われていた不法行為を、アメリカ占領の暗部として事実に即し、批判的に記録していくことが重要なのだと思います。

四六年一月、ＧＨＱによる女性解放施策の一環として出された公娼廃止命令を境に、占領軍相手の売春は集娼の段階を終わり、新しい街娼の段階、街頭パンパンの段階へと移行します。同年、六大都市だけで四万人、全国で一五万人といわれるパンパン。その彼女らが体験したのはどのような「占領」だったのでしょうか。

彼女らを性の一方的な犠牲者として、あるいは単なる風俗的な現象として、描き出すことは避けねばなりません。占領軍兵士と結婚してアメリカに渡った「戦争花嫁」の個人史を読みますと、勝者と敗者という関係のもとでも、性という根源的な交渉を通した相互交流は、戦時期の日本という純血主義、一国主義を否定していく可能性を秘めていたことが分かります[26]。問題は、彼女らをみる被占領側の社会的視線にあったというべきでしょう。

「異形の女たち」

ご存知のように、戦後小説には売春婦がしばしば登場します[27]。それも単なる風俗やわき役としてではなく、主役として。売春婦への同時代人としての共感にともなう「温かい」まなざしは、戦後小説の重要な特徴の一つといってよいでしょう。売春婦は、被占領国日本の屈辱であると同時に、過去を断ち切られたところで開き直って生

(26) 江成常夫『花嫁のアメリカ』講談社、一九八一年、江成常夫「戦争花嫁のアメリカ」(安田常雄・天野正子編『戦後体験の発掘』)三省堂、一九九一年。
(27) 田村泰次郎『肉体の門』新潮社、一九四七

きる、「解放」の象徴的な存在でもあったのです。しかし、戦後小説にみるそうした「温かい」まなざしを、もちろんすべての民衆が共有していたわけではありません。

当時の草の根ジャーナル（青年団や女性団体の会誌）の記録は、男女を問わず、彼女らを日本の恥さらし、民族の裏切りとみなす視線が強かったことを教えています。とくに彼女らを日本の恥辱とみる男性の視線は、彼らのあるべき女性像が依然として、貞操や処女崇拝に支えられていたことを伝えています。戦前からの社会運動家、賀川豊彦は「一種の変成社会における精神分裂症患者[28]」という形容で、パンパンをとらえています。

パンパンに「なりえなかった」同世代の女性たちの多くは、彼女らを自分のそうなる可能性としてみるよりも、自分とは異界の人間とみました。そこまで落ちるのは、そうなった方に問題があるというのが、大方の女性たちの見方でした。作家の野上弥生子は「戦争の血が生んだこれら異形の女性たち」とまで形容しました[29]。女性運動家さえ、パンパンを救済と矯正の対象とみなした点で、共通の見方に立っていました。パンパンを生み出す社会構造自体を問題とする認識、さらには「買う側」の男性のモラルや意識を根底から問う視点は、そこには存在しなかったのです（**コラム2**）。

時期は少しずれますが、五三年、労働省婦人少年局が山形・鹿児島県で実施した『売春婦の親許調査』は、売春婦になる直前に失業していたもの四七％、片親ないし両親のないもの四二％という結果を伝えています。生活手段の大半を男性に握られて

年。この小説には、売春婦の生き方への共感はあるものの、その性の描き方はこれまで通り、売春婦の掟によって「愛」と「快楽」が禁じられており、男の目線からみた性の自由でしかないと森崎和江はいう（森崎和江「自分の占領が終わった日」前掲『戦後体験の発掘』）。

(28) 賀川豊彦「闇の女の救われた話」（『婦人公論』一九四七年八月号）。

(29) 野上弥生子「パンパンと貿易」（『婦人公論』一九五二年一〇月号）。

きた女性たちは、生きるための女性独自の手段をもたざるをえません。彼女らはその武器を性に求めたのです。それ以外に生きる手段がないという事実が、そこには厳然として存在していました。

男性が抱く既存の女性観にとらわれ、同性をきりすて貶《おとし》めているかぎり、女性たちがこうした社会構造のありように正面から向き合っていくことは、できなかったでしょう。また、男性が抱く女性観に自らのアイデンティティを求めていくかぎり、女性たちはほかの女性と出会い、連帯していくことも、女としての自分自身に出会うこともできません。

「いま」という目からみると、多くの女性たちは制度上の男女平等という新たな権利をあたえられ、それを自分のものとして実現しようと、ひたすら上をむき、つま先だてて歩いていたように思われます。多くの女性たちの視野に、その足元に広がるものいわぬ女性たちの存在や、彼女らの戦後経験への想像力が抜け落ちていたのではないでしょうか。それは、私自身にもつきささる問いかけとして残ります。

パンパンや「戦争未亡人」、「戦争独身婦人」をも含む、総体としての女性解放の視点は、まだ、女性たちのものではなかったのです。

九〇年代はじめに、「遅れてきた」戦後補償運動として、従軍慰安婦問題の追及がはじまります。それは、問われるべきは元慰安婦本人ではなく、「国辱」として被害の事実を語らせることを抑圧してきた、韓国社会の儒教的社会規範であり、一五年戦争において、アジアで引き起こした自らの加害体験をひたすら忘却することに努めた、日本の政府と男性の政治力学であり、さらにはそうした男性の抱く女性観のもとに、問題を問題として見抜く視点を確立してこなかった、私たち日本女性のまなざしであることを明らかにするものです。

占領改革が女性たちにもたらした解放の明暗と両義性――。短い期間でありましたが、戦時体験を踏まえ、自らの直観と実感を頼りに手探りで解放への道を探ろうとした占領初期の女性たちの行動力。そして社会の再秩序化を背景に、女性たち自身も手にした権利の実質化への、それ以上の追求をやめ、社会的に構成された性別役割規範に身をゆだねていった占領後期。以上の報告は、結果として「家族の五五年体制」へと組み込まれていく出発点となった歴史的背景を、女性たちの経験の内側に探り当てようとした試論です。

女性解放運動の第二の波をくぐり抜けた現在、占領下を生きた女性たちの経験の内実がみえてくる地点に、私たちはいま、ようやく立ったということでしょうか。

コラム1

「民主的」婦人団体の内実

一九四七年から五一年まで、香川県高松の四国地方軍政部で働いた婦人問題担当官カルメン・ジョンソンは、四七年暮れに婦人団体についての調査を行っている。それによれば、①指導的地位を占めるのはかつての大日本婦人会のリーダーであり、②会員は主として主婦で、③名目上多くの会員を擁するが、ほとんどの会員は事実上会議に出席しないし、④会議はあまり開かれない、また、⑤各団体を統合する連合組織をもつ、などの実態が明らかにされている（カルメン・ジョンソン、池川順子訳『占領日記』ドメス出版、一九八六年）。

「民主的」団体のこうした内実は、ほかの多くの地域の婦人団体に共通するものといえるだろう。こうした状況が生まれたのは、一つには、地方軍政部や都道府県の職員が女性を対象に民主主義の啓蒙をはかろうとするとき、戦前期の大日本婦人会のリーダー層を頼って呼びかけ、動員をかけるほかなく、「民主化」の達成という目標を「非民主的」な方法でやらねばならないという皮肉な現実があったのである。

コラム2
ガード下の女たち

一九四六年四月、ＮＨＫの街頭録音で、有楽町ガード下の街娼二〇〇名をたばねる「ラク街お時」は次のように主張した。それは多くの街娼たちの現実を代弁するものだったにちがいない。

「あんたたち、エラそうなこと言ったって、この娘たちのために何をしたっていうのよ。そりゃ、パンパンは悪いわ、だけど身寄りもなく、職もないあたしたちは、どうして生きていけばよいの？　好きでさ、こんな商売している人なんて、何人いると思うの?」（鶴丸幸代「ガード下の女たち」女たちの現在を問う会『銃後史ノート』復刊七号、インパクト出版、一九八五年）

お時はつづけていう。

「あたしは、今までにだって何人も、ここの娘たちをカタギにして、世間に送り出してやったわよ、それがみんな……いじめられ、追い立てられて、また、このガード下に戻ってくるじゃないの」（同右）

〈参考文献〉

朝日ジャーナル編『女の戦後史』Ⅰ・Ⅱ、朝日新聞社、一九八四年

天野正子・桜井厚『「モノと女」の戦後史』平凡社、二〇〇三年

天野正子『「つきあい」の戦後史』吉川弘文館、二〇〇五年

粟屋憲太郎『資料　日本現代史2』大月書店、一九八〇年

石川弘義『欲望の戦後史』太平出版社、一九八一年

上村千賀子『女性解放をめぐる占領政策』勁草書房、二〇〇七年

大門正克・安田常雄・天野正子編『戦後経験を生きる』吉川弘文館、二〇〇三年

落合恵美子『21世紀家族へ』〈第三版〉有斐閣、二〇〇四年

恩地日出夫ほか著『戦後史ノート』上・下、日本放送出版協会、一九七六年

女たちの現在を問う会『銃後史ノート』復刊七号、一九八五年

豊田真穂『占領下の女性労働改革』勁草書房、二〇〇七年

中村政則ほか編『〈新装版〉戦後思想と社会意識』岩波書店、二〇〇五年

安田常雄・天野正子編『戦後体験の発掘～15人が語る占領下の青春～』三省堂、一九九一年

コメント2

民衆生活からみた占領期

大串潤児
信州大学准教授

はじめに

いささかまとまりのない話になるかもしれません。「民衆生活からみた占領期」というとても大きな題をいただきまして、どのような論点を提示すれば、今回のフォーラムにふさわしいコメントになるのだろうか、と悩むところです。ここでは、これまでの戦後史研究・占領史研究の成果と課題に照らし合わせつつ、「民衆」という語句、あるいは「生活」—「暮らし」と言い換えてもいいのかもしれませんが—、そうした言葉の持つ意味そのもの、もしくはその概念を常に考えながら話を構成してみました。さらに「占領期」という言葉を考えてみても、現在において本当に「占領」は終わっているのか、ということは常に問題になっていきます。このような点を意識しつつ、「民衆」「生活」そのものを問題化する視点を考えながら、「占領」「占領期」民衆生活研究の課題を探るというかたちでコメントをしてみたいと思います(1)。

(1)二〇〇六年に刊行された『沖縄の占領と日本の復興』(青弓社)は、日本・沖縄・東アジア地域の一九四〇～五〇年代史を論じる際の論点として、①「『戦場』『占領』『復興』の関係は、

また、現代の歴史学の中で、「民衆生活」を論じるといった場合、重要なポイントになっている点は社会史という発想＝方法です。詳細にはふれられませんが、その中身をまとめると、第一に、人々のメンタリティーと身体、そして人々のつながり（社会的結合）の具体的すがたとは何か、という問題。第二に、「表現をする」、また「表現されたもの」という意味での表象という問題が焦点になりつつあります。その点を意識して主に三つの話をしてみたいと思います。

一点目は、そもそも「占領」の研究は、どういうかたちと問題関心からスタートしたのかということを確認したいということです。二点目ですが、これは「占領」もしくは「占領期」という時代のつかまえ方になりますが、「もの」はないのだけれども、もしくは「もの」がないがゆえに、人びとの「想像力」はたくましかったのではないだろうか？　といいますか、人びとの夢はふくらんだのではないだろうか？　民衆生活の現実態のみならず、その構想力の根のようなものを考えてみたいと思います。三点目は、こうした人びとの具体的な暮らしや人間関係のつながり、そして構想力、を切り刻む力ということ。「占領」はやはり「占領」であって、そこには暴力という問題がつねにからみついています。そのことを考えてみたいと思います。

ここは、国立歴史民俗博物館でのフォーラムですので、最終的な到達点は「展示として描かれる時代のイメージ」になります。では「占領」という経験そのものを描く、つまり「〈占領経験〉の形象化」とはどのようなかたちをとるのだろうか。ある

時系列で単線的に推移するのではなく、相互に重層的に混在し同時並行的に展開する」という問題、②「時系列的に単線的にとらえる視角は占領者の視点であって」、重層的・同時並行的に事態が進展した被占領者の視点―そのなかでは〝新たな戦争〟とでもいうべき事態も存在する―での検討が必要となる、ということ、③そのなかでなお「東アジアに生きる人びとが相互にどのように出会い、そしてつながる可能性があったのか」、という問題を提示している。

いは優れた「占領」の記録とは何だろうか、占領を表現するというのはどういうことなのか。展示される資料もしくは材料がどういうものであるのかということを考えつつ、民衆的表現方法による「占領」史を考えてみる。広く二〇世紀の民衆にとって自分の経験を語るということは、いったいどういうことで、さらに二〇世紀民衆論にとって「占領」とは何か、こうしたことを問う視点を意識して話をしていきたいと考えています。

「占領」研究の初心と「民衆」性

占領研究の初心というものを少し振り返ってみたいと思います。一九六七年夏、「思想の科学研究会総会シンポジウム」の席上、小田《おだ》実《まこと》さんが占領の研究をそろそろやらないといけないのではないかという提起を行います。雑誌『思想の科学』にはそれまでに「占領」に関するものとしては筑波常治「ＢＣ級戦犯と戦後思想」（一九六〇年八月号・「特集　戦後体験」）や「特集　占領と追放」（一九六六年八月号）、一九六七年一月号から連載が始められていた「語りつぐ戦後史」（のち、思想の科学社より全三巻として刊行）といった成果がありましたが、たまたま「明治維新研究サークル」が一定の成果を出した直後でもあり、小田の提起に触発され「占領研究サークル」が生まれました。[2] 佃《つくだ》実夫《じつお》さんが幹事役となり一九六八年九月から定例的に研究会が開

（2）小田実は「占領期の

催され、一九七二年に思想の科学研究会編『共同研究　日本占領』（徳間書店）という書物にまとめられます（「占領研究サークル」の活動については、佃「あとがき」『共同研究　日本占領』）。この『共同研究　日本占領』は、いわゆるアカデミズムの中の歴史学者が描いた占領論ではなく、参加者がそれぞれの経験の重みに根ざしつつ論点を出し、さらにいまふうの言葉で言えば市民に開かれたサークルとして研究がスタートしていきます。この点は繰り返し振り返られるべき「占領」研究の初発の姿であろうと思います。もちろん、こうした動向が社会的にどのような広がりをもっていたのか、という問いは残り、そのことは地域に暮らす人びとが、自らの体験を表現・表象するなかで「占領」をどのように描いたのか、つまり「民衆自身の占領表現とは何か」という問いにつながります。今回話題になっている「占領」に関する歴博の展示も、「占領」研究＝「占領」叙述の初心に照らしてみれば、アカデミズム歴史学者たちのみが描いた「公定」の歴史の叙述の展示ではなく、広く市民に開かれたかたちで、今後も繰り返し塗り替えられていく、そういう存在としてあるのではないかでしょうか。

そうした姿を出発点としながらも、「占領」の問題は、「占領史研究」として一九七〇年代から八〇年代にかけてアカデミズムの歴史学のなかで非常に大きな位置を占め、沖縄占領・旧日本軍による「占領」との比較や、「世界史のなかの日本占領」というような優れた視座をも獲得するようになりました。その成果は、たとえば、ジョ

研究が本格的になさるべきで……戦後史の本は多いが、占領期のことは大きく抜け落ちているし、占領軍に関することだけが、ぼやっとぼやけている」と指摘、諸外国の日本占領関係者への聞き取りなどを提案している。小田実『戦後を拓く思想』文藝春秋社、一九六五年も参照。

ン・ダワーの『敗北を抱きしめて』（岩波書店、二〇〇一年・増補版二〇〇四年）という書物の中に結実しています[3]。

こうした研究状況を一方で支えつつ、同時にそれらから刺激を受けつつ行われたことですが、占領をめぐる記録、史料の状況は、GHQ／SCAP文書などアメリカ側をはじめとする「占領したもの」の文書が公開され、同時に「占領された側」の記録・史料も復刻・翻刻が進んで、一九七〇年代から八〇年代を通してとても豊かになってきました。逆に、だからこそ課題が増えたと言っていいかもしれません。

こうした史料を利用しつつ、「占領と民衆」を考える場合、これまでの代表的な仕事は「占領下の日本人の手紙」［袖井林二郎・一九八五］や新聞投書・各種の世論調査などを利用するというものでした。さらに視野を広げれば、地域史や県史、市町村史といった「自治体史」の仕事に、「占領」という問題を自覚的に取り上げる仕事も始まりつつあります。民衆生活と最も近接する領域の一つでもありながら、これまで十分な検討が遅れていた地方軍政部の研究も始まりました[4]。このあたりで一度、地域史・「自治体史」のなかの「占領」叙述についての中間総括が必要な段階だと考えます。

また天野さんのコメントでも紹介がありましたが、占領軍の膨大な検閲の史資料であるゴードン・プランゲ文庫の利用も本格化しました。第6室の展示でも積極的に活用されています。二〇〇七年から岩波書店より『占領期雑誌資料大系』（大衆文化編・

（3）最近の「日本占領」研究の総括として、［袖井林二郎・竹前栄治編・一九九二］、［三宅明正・高野和基編・二〇〇四］など。また歴史教育の側からはようやくと言っていいと思うが『歴史地理教育』第七〇九号、二〇〇七年一月が「「占領」と日本の民主化」と題して「占領」そのものを取り上げた。

（4）荒敬「戦後占領初期における長野県と軍政部」（長野県現代史研究会編『戦争と民衆の現代史』）現代史料出版、二〇〇五年、西川博史全五巻文学編・全五巻）の刊行も始まり、一方、代表的な仕事は『山口県史』（史料編・現代3―言論・文化、二〇〇四年）ですが、プランゲ文庫史料を用いた「自治体史」の刊行もなされています（他に『横浜市史Ⅱ』や『千葉県史』など）。地域の県立図書館で、プランゲ文庫複写版の閲覧が可能な場所も出てきています（長野県立図書館など）。繰り返しになりますが、史料状況は全体として非常によくなってきています。だからこそ、私たちはもう一度改めてその中味を読み込み、「民衆」の定義そのものをも考えつつ地域に暮らす場で民衆にとって占領とは何か、という問題を考える宿題が提起されているのではないでしょうか（**コラム1**）。

また、こう考えてきますと、戦後日本の中で、さまざまに記録された人々の姿が改めて読みかえされる作品群として浮上してきます、最近ではあまり読まれない本ですが、『日本残酷物語』（平凡社、一九五九～六一年）や、同じく平凡社がずっと出していた「人間の記録双書」、さらに領域を拡げていけば、近年関心が高まりつつあるサークル運動・生活記録運動・現代詩表現などの作品も射程に入ってきます。戦争史研究が、民衆の戦争体験記録を基礎とし、「兵士であること」・「一人ひとりにとっての戦争」という視点を持つことで急速にその研究水準を高めたように(5)、「民衆生活からみた占領期」という問題も、こうした諸作品・記録との突き合わせが今後問題になってくるだろうと思います。さらに、史学史的にいえば、これまでの「占領」研究において念頭に置かれていた「民衆」というのは、どのような存在だったのかという

『日本占領と軍政活動―占領軍は北海道で何をしたか』現代史料出版、二〇〇七年など。

(5)代表的なものに吉見義明『草の根のファシズム』東京大学出版会、一九八七年、鹿野政直『兵士であること』朝日選書、二〇〇五年。

ことも重要な論点になるでしょう。

現在、沖縄で研究をなさっている方々の論点を紹介させていただければ、「占領」というのは「占領期」というかたちで終わったものではない。それまで暮らしていた土地＝「世界」そのものが米軍基地に「囲い込まれ」てしまい、そこに戻ることが出来ない。さらに米軍機を目の前にしている。こうした人々にとってみれば、今でも「占領」は続いています。「占領」が終わるということは、「占領前の暮らしを自らが取り戻すことである」と問題を考えて見ることも出来ます(6)。

「占領」研究の初発は、単なるアカデミズムではなく、広く民衆に開かれ、経験に根ざした姿であったということ、これが「民衆生活からみた占領期」といったテーマでものごとを考える、あるいはこれまでの研究を整理するうえで押さえておきたい第一のポイントです。

「民衆」と「生活」と――概念の定義・再定義

「もの」はないのだけれども「想像力をふくらませていた時代」、と「占領の時代」のひとつの側面を捉えてみたい。現在の歴史学では、おおむね思想史、社会史、文化史というのが重要視されてきていますが、改めて食事や労働、さらに家計とか、「もの」そのものの存在・流通形態、広く経済史の領域との密接な対話が必要になってき

(6) 鳥山淳が紹介する『字新城郷友会誌』二〇〇〇年は、宜野湾市字新城の人びとは「米軍上陸を前に集落から避難して以来、今日に至るまで……その地での生活を取り戻すことができず、戦場難民の生活は終わっていない」と記す。鳥山は「今日の沖縄において「占領」が過去のものとなっていないのと同様に、地上戦とともに始まった「難民」生活も終結していない。だとするならば、沖縄を取り巻くこの時間をいったいどのように呼んだらいいのだろうか。それが「占領

ているとも思います。そのことそのものが占領の研究が持った「初発のサークル性」を大事なものとして継承しつつ、学問や専門領域の枠を越えて市民とも対話しつつ研究が進んでいくことの具体的な実践になるでしょう。二〇〇二年に発足した「同時代史学会」もそのような方向性を打ち出していると思います。

民衆生活を考える上で、当たり前のことですが、重要になるのは「食べること」です。植民地からの食糧移入の途絶や、戦時における生産の粗放化もあって占領下食糧生産は危機的状況にありました。だからこそということかも知れませんが、たとえば植物図鑑をパラパラめくって、この野草は食べられそうだとか、このキノコは毒があるのかないのかとか、自分がそれまで持っていた知識の中からどう食糧を確保していくかという問題が出てきます。そうした部分を含め、あらゆる人間関係をたぐりよせつつ考えられる「食糧確保の民衆知」とでもいった問題です(7)。そして、食べることと同時に「笑うこと」、娯楽の問題も戦時との関連でいえば重要な暮らしの「よすが」です。「食べる」ことと「笑うこと」、これをあわせて考えなければいけません。さらに、占領期に「子ども」だった方は、このシンポジウム参加者の中にもいらっしゃると思います。占領期の子どもたちはなにを考えていたのか？　子どもの視線も、この時代を考える上で一番根っこの部分として考えていかなければいけない論点です（例えば白鳥邦夫『こどもの共和国―神郷小物語』山脈出版の会、一九八〇年）。

以上のことを一番底においた上で、それぞれの「生活」が「再建」されていきま

後」ではなく、さらには「戦後」であるかどうかさえも疑わしいとしたら、この時代はいかなる時間なのだろうか」と問うている。鳥山淳編『沖縄・問いを立てる5イモとハダシ　占領と現在』社会評論社、二〇〇九年。

(7)こうした論点については戦後マンガ分析ではあるが四方田犬彦『白土三平論』（作品社、二〇〇四年）に示唆を受けた。後の論点とも関連するが「鶴見俊輔編・一九六一②」は「戦争中の小学校は疎開、中学校と高等学校は工場動員で、ともに授業

す。経済史の立場からの浅井良夫さんのお仕事や、外国での最近の研究による通史は、経済・社会領域の編成構想の多様性とその帰結、といった論点を提示しています(［浅井良夫・二〇〇一］［Gordon, Andrew ed・一九九三］)。「生活」を再建する上で、そのイメージや構想力が当時の民衆生活の中に、どのようにあり得たのだろうかと考えた時に、第一に問題となるのは、人々の夢、イメージ、構想を固めさせ、逆にゆがめさせる、さまざまな「力学」であろうと思います。それは、(a)先ほど浅井さんがお話しされたように現実に展開している占領改革、それにともなって形成されつつある「制度」です。(b)また、現実に存在しているたとえば兄、父が帰ってこないということを含めた「復員」に象徴されるような「未決の戦後処理」の問題です。(c)また、疎開先からなかなか子どもが帰ってこないとか、戦死をしてしまったといったことを含め、生活の基盤の一つともなる家族そのものの状態という問題があるだろうと思います。さらに、(d)「Ⅲ　暴力の水位」にもかかわりますが、占領軍や日本軍といった暴力が存在していますので、そういうものはきちんと押さえておくべき問題群です。

　次に構想力にはどのような「よすが」があるのか、ということです。もちろん「もの」そのものを梃子《てこ》にしてふくらんでいったのでしょう。さらに、本格的には一九五〇年代以降に展開していきますが、一つの方向は、家族計画を含めた新生活運動というかたちで生活のモデルが政策的に提示されていきます。占領後期から五〇年代にか

はすくなく、教師と両親が食糧の確保と児童の保護とに熱中しているあいだ、教師・両親の知的影響からはなれて子供たちが自分たちの知性を開放させる余地がそこにひらけた」とし、「植物図鑑を調べて、食糧になる草木のカードを作」り、火のつくり方を練習して「日本滅亡後に、新しい文化を礎く」石器時代原人＝「ジャパントローパス・トサエンシス」と自らを名づけた高校生のエピソードを紹介している。もちろん、戦時下に獲得した知識との関係も論点となる。斎

けて地域においてさかんになる「アメリカ博覧会」など各種博覧会もそうした役割を担ったともいえます。

戦後、各地で〇〇文化連盟とか、〇〇文化協会といった文化運動団体がたくさん生まれます（〔北河・二〇〇〇〕年など）。こうした文化運動のなかで地域の知識人達が提起した生活論があります。この問題は、遡って戦前戦時、さらには一九二〇年代から三〇年代ぐらいまでを射程に入れると、たとえば中小の地方都市で展開した「地方モダニズム」の展開や、雑誌『家の光』などを媒介にして農村に浸透していった農村の中のモダニズムが問題になるでしょう。

新生活運動などの政策的な誘導路（A）と各地域で展開している戦後文化運動での議論など（B）が、複雑に相互影響・相互浸透しあって、人びとの生活再建の構想力の一つにはなったろうと考えています。こうした観点での研究はあまり進んでいないように思いますが、各地域の文化指導者の議論をおさえていくとともに、そういう中でひとつの頂点になるのが花森安治《はなもりやすじ》の「暮らし」という概念の提起（『暮らしの手帖』）であった、と考えたらどうだろうかと思っています（酒井寛『花森安治の仕事』朝日新聞社、一九八八年）。

三点目に生活のようすがとして考えてみるとおもしろいと思う点ですが、「教育経験」の持つ両義性の問題です。先ほども少しのべた（脚注（7））ように、戦時から「占領」期にかけての「学校的」教養からの「一時的離脱・逸脱」の両義性です。戦時中

藤美奈子『戦下のレシピ』岩波書店、二〇〇二年。

に小（国民）学校高学年、旧制の中学校を経験された方はおわかりの通り、特に戦争末期は授業をあまりやっていません。芋を作ったり、防空壕を掘ったりしているわけです。つまり戦時中から戦後にかけて「子ども」達、―広く民衆といってもいいのですが―は、学校的な知識、教養から一度離れています。そのことが実は、民衆が元々もっていた伝統的な知識の豊かさに気づくという側面があったのではないか。それと同時に戦後哲学書がものすごく読まれるようになります。また学歴志向が高まります。この両方の側面は、学校的な教養から離れることによって起こったことですが、このような問題から戦後民衆の思想形成を論じた仕事はあまりないのではないか、この点はもう少し個人経験に即して考えてみる必要があるでしょう。言うまでもないことですが、沖縄戦のさなか早くは収容所で「戦後の教育」が始まった、同時に先島《さきしま》では依然として「戦前の教育」が行われていた、という沖縄占領における「教育経験」も大事な論点ですね。

生活の再建とその構想力を考えた時に、占領期は様々におもしろい論点を含んでいます。もう少し日本の近現代史の広い文脈に置き直してみましょう。たとえば敗戦直後に村々で爆発的に流行する文化現象・文化実践に〝勘太郎月夜唄（伊那の貫太郎）〟〝赤城の子守り唄〟〝大利根月夜〟などの曲に合わせる演芸、「やくざ踊り」や「やくざ芝居」があります。これらはおおむね一九二〇～三〇年代にブームをむかえ、戦時期にも重要な娯楽映画の一ジャンルであった「股たびもの」の主題歌ですが、その代表的な原作者は長谷川伸です。彼の作品には、仁義、義理、人情といった一九世紀以来日本の民衆が培ってきたある種の倫理観といったものが表現されています。そうした思想と占領中の行動がどう絡むのかといった問題をとりあげることも、近代・現代史をつらぬくとても重要な民衆倫理・民衆思想論に近づく手掛かりのような気がします［佐藤忠男・一九七五］（コラム2）。

近現代史を通じた民衆倫理・民衆思想のはばのなかで「占領」の問題を考えること、なぜこのようなことを考えたかと申しますと、生活の構想力を考えると同時に占領期というのは人びとの「つながり」、「仲間」という範囲が常に再定義されていた時代であったと考えるからです。それは人びとの「占領」あるいは「占領期」経験の基層のようなものだと思います。象徴的な経験の場所では闇市。またすでに著名な事例ですが、藤田省三さんが紹介した東京都中野区江古田の「交換所」の事例（『転向の思想史的研究』岩波書店、一九七五年）。農村部でいうと宮本常一『忘れられた日本人』（未来社、一九六〇年、岩波文庫）に紹介されている長野県諏訪のとある集落の事例。「農地解放の話しあいの席でみんなが勝手に自己主張して」うまくいかない時に、それを諭す「老人」の姿が描かれています。こうした「老人」たちは「その村では六十歳になると年よりの仲間にはいる。年より仲間は時々あつまり、その席で、村の中にあるいろいろのかくされている問題が話し合われる。……それは年より仲間以外にはしゃべらない」という「仲間」をつくっているわけです。ある意味で占領改革を末端で支えているような集落の姿です。

また、「人間の記録双書」の一冊に増田小夜『芸者』（平凡社、一九五七年、平凡社ライブラリー）という作品があります。小夜は一九二五年、長野県塩尻近くの村にうまれ、捨て子として地主に奉公し、やがて諏訪の芸者置屋に売られます。彼女は三〇歳まで文字が書けませんでした。一所懸命に文字を勉強して、自分の半生記を書きます。彼女は千葉市にいた時に空襲で焼け出されてしまいます。そこで敗戦を迎えるのですが、この時は千葉の駅前で松村と名乗る在日朝鮮人と一緒になって闇の商売をやって生活を支えています。このようにつながり、仲間という範疇が改めて姿を現し、同時に常に定義、再定義される時代でもあったと思います。

「未知の人間同士がお互いに全幅の信頼をおいて相互に助け合うということ」（山田賢『中国の秘密結社』講談社、一九九八年）には歴史的にどういうかたちがあったし、あり得たのだろうかと考える上で、「占領」という時期はとても重要な時期です。人々のつながりのようなものを根っこにおいてそこから醸し出されてくる生活再建の構想力という問題は、民衆生活からみた占領期を考えるとても重要な論点になるのです。

暴力の水位

次に構想力や人びとのつながりを「壊す側」、そちらから問題をみてみたいと思います。「占領」である以上、暴力、軍事力＝軍隊がすぐそばにいます。いくつか論点があり、研究も進んでいます。占領軍、もしくは占領と暴力という問題を立てますと、当然占領軍関係のいわゆる買売春の問題や占領軍兵士の犯罪行為に目が向けられます。それ自体は正しいことですが、その前提に、日本社会そのものがもっていた、もしくは民衆生活そのものがもっていた「暴力性」とでもいうことをきちんと見据えることが必要になってくるのではないかと思います。このあたりは戦後期の民衆史としてもあまり研究が進んでいませんので、よくわからない部分が多いのです。たとえば、在日韓国・朝鮮人、在日中国人などに対する差別もひとつの暴力です。父親が息子を殴るという家庭内の暴力も重要です(8)。民衆生活の中に内在している暴力という問題は押さえておかなければいけないと思いますが、とりあえずは重要な論点を提起した記録としてたとえば北沢恒彦さん、高史明《コサミョン》さんの「与件としての暴力」をあげておきます（『思想の科学』一九七二年五月号）。民衆生活と暴力、これは社会に内在する暴力だけではありません。高さんたちの記録を読めば、たとえば「日雇い」労働者が立ち上がる時にどういう武器を持って立ち上がるか、民衆が武器を持つ時にどういう武器を持つのかということも論点として構成できるような気がします（仲里効『オキナワ、イメージの縁（エッジ）』未来社、二〇〇七年、特に「〈エネミー〉の考古学」も参照）。

　民衆生活に内在する暴力をふまえた上で、占領軍の暴力についても考えなければな

(8)「本当におやじは、僕をよくなぐったなあ。……うちのなかにそうした文化の伝統みたいなものがあるかもしれない」という「職人文化」のなかで育った上野博正は、「戦中から戦後を通じて……家計を僕は預かってきた」。「数年ないし、場所によっては一〇歳年上の人たちの経験にくいこんだ経験をせざるをえなかった」上野は、戦時戦後の時代を「子どもが「おとな」だった時代」と表現する［安田常雄・天野正子編・一九九一］。上野は「占領研究サークル」のなかで「占

りません。この場合、「占領と性」という問題が欠かせない論点になってくるというのは、先ほどの天野さんのご指摘です(9)。詳しくは天野さんのコメントをご覧ください。しかし、軍隊―「占領と性」を地域史の観点から見てみると、そこには当然軍事基地を抱えた地域社会(演習場なども含む)の、戦時・「占領」・戦後を通観した詳細な研究が不可欠になってきます(10)。戦時中までの研究が「軍隊と地域社会」というかたちで、ここ十数年、相当活発に進んでまいりました。歴博で「佐倉連隊」の展示が行われたのも、そのひとつの成果となります。そうして作られた軍隊と地域の関係が、戦後米軍が入ってくる、さらにその後は警察予備隊・保安隊・自衛隊と共用になることによって、どのように問題が接続していくのか、議論が始まりつつあります(〔荒川章二・二〇〇一〕)。

暴力の問題の最後として、このような話をしていきますと、どうしても日本の国内だけに視野が限定されがちです。日本の人々は戦前、アジアに多く散らばっていました。逆にアジアの人々がさまざまな形で日本に働きに来ていました。たとえば阪神地域と済州島をめぐる人々の移動です。満洲移民として出て行った家族と残った家族の関係です。国境線をまたぐ生活圏は、戦前以来相当作られていたと思います。「南朝鮮」、沖縄、日本列島の三つのアメリカによる占領が行われることによって、国境をまたぐ生活圏がどう切り刻まれてくるのかということを重要視して考える必要があるのではないでしょうか(杉原達『越境する民―近代大阪の朝鮮人史研究』新幹社、一九九

領と性」という問題をとりあげることになる。

(9)本稿の文脈において先駆的なものは上野博正「『占領と性』研究序説」(前掲『共同研究日本占領』)。最近のものでは恵泉女学園大学平和文化研究所編『占領と性』インパクト出版会、二〇〇七年。

(10)例えば「米軍基地と『売買春』」(『女性学』五、一九九七年一一月)などに代表される平井和子の研究。また『御殿場市史』や拙稿「占領期における東富士演習場問題の展開」(『裾野市史研究』九、一九九七年

八年、また文京洙『済州島四・三事件』平凡社、二〇〇八年も参照)。

石原昌家さんや屋嘉比収さん(［石原昌家・一九九五］［屋嘉比収・二〇〇九］)などによる沖縄研究では、台湾と与那国島の間で戦後に密貿易が盛んに行われていたことが指摘されています。そこで取引されていた物品は、広く香港から日本列島本州の闇市まで運ばれていきます。与那国久部良《くぶら》の港は、「米軍からの払い下げのモーターで小型発電所が設置され、その電気が料亭や映画館、理髪店やクリーニング屋などに供給され」て「夜間も煌々と明かりが燈り」、「沖縄、台湾、香港、日本などの闇商人が集まる国際的な闇市の様相を呈していた」といいます(［屋嘉比収・二〇〇九］)。しかし、一九四九年中国で革命が起こり、さらに朝鮮戦争が始まることによって「密貿易」は米軍の権力によって封鎖され、一九五二年には終焉を迎えていきます。新たなネットワークが新たな暴力によって断ち切られていくという問題を含めて考えると、暴力という問題は単に日本占領という問題だけではなく、対馬や壱岐、小笠原諸島、北海道沿海などをはじめ「国境の顕現」(屋嘉比収)していく境界領域の社会史、さらにこの時期の東アジア全体の問題に広がっていく論点になると思います(11)。

そのほか、アメリカニゼーションの問題や戦争経験と占領といった重要な問題はありますが、時間も限られておりますので、本日は占領研究の初心、民衆の夢と希望、暴力の問題に限定してコメントさせていただきました。

三月)など。

(11)［屋嘉比収・二〇〇九］は、「国境線」の問題を考察したうえで、より大事なもう一つの課題として以下のように指摘している。「この戦後の〈分断〉の原史の、その先をさかのぼる必要性についてである。それは、近代日本による台湾の植民地統治についてであり、その近代日本の植民地統治での沖縄の位置と、戦後沖縄のアメリカ軍統治との連続性と断絶性の問題を考えることである。……それは……台湾との境界領域で生活する与那国島の人び

〈参考文献〉

天野正子・大門正克・安田常雄編『戦後経験を生きる』吉川弘文館、二〇〇三年
浅井良夫『戦後改革と民主主義―経済復興から高度成長へ』吉川弘文館、二〇〇一年
荒川章二『軍隊と地域』青木書店、二〇〇一年
石原昌家『戦後沖縄の社会史―軍作業・戦果・大密貿易の時代』ひるぎ社、一九九五年
北河賢三『戦後の出発』青木書店、二〇〇〇年
佐藤忠男『長谷川伸論　義理人情とはなにか』中央公論社、一九七五年（岩波現代文庫）
袖井林二郎『拝啓　マッカーサー元帥様―占領下の日本人の手紙』大月書店、一九八五年（岩波現代文庫）
袖井林二郎・竹前栄治編『戦後日本の原点―占領史の現在』上・下、悠思社、一九九二年
三宅明正・高野和基編『展望日本歴史二三　歴史の中の現在』東京堂、二〇〇四年
鶴見俊輔編『日本の百年　一　新しい開国』『同　二　廃墟の中から』一九六一年①②
藤田省三「戦後の議論の前提」『思想の科学』第七次創刊号、一九八一年四月号
屋嘉比収『沖縄戦、米軍占領史を学びなおす―記憶をいかに継承するか』世織書房、二〇〇九年
安田常雄・天野正子編『戦後体験の発掘―15人が語る占領下の青春』三省堂、一九九一年
Gordon, Andrew ed. Postwar Japan as History. University of California Press. 1993

とに表象される沖縄人とはいったい誰なのか、と問いなおすことに重なる」。

コラム1

「占領」の記録の宝庫

日本占領直後から一九四九年一〇月末まで、アメリカ陸軍ＣＣＤ（Civil Censorship Detachment＝民間検閲支隊）は、日本全国のあらゆるメディアに検閲を実施しました。軍組織としては軍隊内の軍事検閲とは別のもので、占領地の民間人を対象とする検閲であり、一九四四年一一月、フィリピンにおいて郵便検閲が開始されていました。集められた検閲関係の資料、雑誌、新聞、壁新聞、各種の会報・団報・組合報などの通信類は、最終的にＧＨＱ／ＳＣＡＰ・ＧⅡ歴史部主任であったゴードン・Ｗ・プランゲが属していたメリーランド大学に所蔵されることになります。およそ、新聞一万六五〇〇タイトル、雑誌一万三〇〇〇タイトル、図書・小冊子四万五〇〇〇点という数字が報告されています。一九七八年五月一二日、「ゴードン・Ｗ・プランゲ文庫」と正式に命名されて整理が進められ、逐次利用が可能になっていきました。日本においても国立国会図書館憲政資料室で雑誌・新聞関係についてはマイクロフィルム・マイクロフィッシュのかたちで利用が可能となり、検閲制度・メディア史研究のみならず、戦後の文化・思想・社会史の研究が新らしい角度で始まりました。

検閲は「された側」の人びとにどのような経験を残したのでしょうか？　原爆体験の言語表現を追うなかで「プランゲ文庫」の史料を駆使した堀場清子さんは、「占領軍という絶対権力が、削り、禁止し、闇に葬った言論の数々。とはいえ少なくも、事前検閲ゲラの各一部は編集者に返された。検閲局側と同数あったはずの、それらを、なぜ日本人側は散逸させてしまったのか」と問うています。そして、検閲された側が記録を残した「稀有な例」として、広島県三原市で『麻本呂婆《まほろば》』というガリ版雑誌を発行していた鮓本《すしもと》刀良意《とらお》保存の資料を紹介しています（『原爆　表現と検閲　日本人はどう対応したか』朝日選書、一九九五年）。許可された出版物には「CP印」（Censor Pass Stamp）が押されました。

一般の人びとの手紙のやりとりも検閲の対象となりました。封書は開かれ、「OPENED BY / MIL. CEN. -CIVIL MAILS」（民間郵便・軍事検閲官による開封）と印刷されたセロハンテープで閉じられて宛先に届けられました。

人びとは自らの「生活」を見直し、そこから多くの「構想力」と「想像力」が生まれていきます。そして、それらは言語表現として人びとのあいだをつなぐ「メディア」となって、議論と新たな構想力を育んでいきます。映画や演劇、大衆娯楽など、一斉に復活した観のある大衆文化は、人びとの暮らしのなかの様々な感情や夢を仮託してゆきます。こうした社会の状況の一側面を、多様な記録と厖大な表現で示してくれる「プランゲ文庫」は占領下の「民衆生活」を考えるうえで記録の宝庫だといえます。しかし、同時に堀場さんも指摘しているように、多くの表現者は「占領下の言論を修正しなかった」のです。

治安維持法を一つの頂点とする戦前・戦時の「言論」状況から、占領、そして日本国憲法のもとへ。「暮らし」や「生活」と「言語」「表現」の関係は、人びとの意識のなかでどのようになっていたのでしょうか。重い「問い」として残ります。

なお、プランゲ文庫の史料は、「戦後の生活革命」――特に大衆文化のコーナー――で展示してあります。

コラム2

敗戦から占領―ひとつの原風景

石牟《いしむ》礼《れ》道子《みちこ》『苦《く》海《かい》浄《じょう》土《ど》』（講談社、一九六九年：引用は文庫新装版）には以下のような記述があります。

> 湯堂湾の潮の香にむせていた公民館。あの磯のほとりの青年小屋。終戦とともにこの漁村にも〝兵隊〟たちが帰って来た。この村のあとつぎたちが。娘たちはどんなにいそいそとうちふるえるようなはにかみを蔵して、生き残って帰ってきた兵隊たちを、むかえたことだったろう。二十前後の〝兵隊〟たちは、骨の髄まではなじみきれなかった〝兵隊〟から脱け出そうとして、上官からなぐられた話や、なぐられて死んだ、弱い要領の悪い町の出身の若者の話などを、熱心にくり返して娘たちの前で話すのだった。青年倶楽部に仕切られたいろりには、渚にうちあげられる流木の巨きな根や、官山の下払いをした松の枝などがいつもくべられて、赤々と夜が更けた。そのような夜には不思議にあの「赤城の子守唄」や「流転」の曲

などが若者たちの心にぴったりかなった。そのような唄がどんなに終戦後の村々の心を切なくしたことだったろう。部落部落に青年団が復活してきて青年団主催の盆踊り大会が復活した。集団のおどりを終戦直後のここらあたりの若者たちはまだ知らなかった。

好いた女房に三下り半を
投げて長脇差　長の旅

踊り上手に厚化粧させて舞台にあげ、ときどき止まる蓄音機の拡声器にあわてたりしながら、アセチレンガスをともし、若者たちは村人をあつめベソをかくような目つきで踊りを観ていた。来るべき解放への原衝動に、若者たちは息を呑んでまだ耐えていた。終戦から占領体制へ―。そのようなことは「やくざ踊り」を習い踊って、たちまち野火のように農山漁村に蔓延させた青年男女たちが考えるはずもなかった。抑圧された狂熱のようなものが、非知識階級の間にうつぼつと渦巻きはしっていたことを私は心におぼえている。（四五〜六頁）

渡辺京二がいうように、『苦海浄土』は単純な「聞き書き」・ルポルタージュの作品ではありません（「石牟礼道子の世界」『苦海浄土』講談社文庫版解説）。また谷川雁《たにがわがん》の指摘のとおりその村落世界のイメージがある「美化」をともなっていることも確かでしょう（「〈非水銀性〉水俣病・一号患者の死」『極楽ですか』集英社、一九九二年）。石牟礼の地域社会叙述のなかの一部でもあるこの「やくざ踊り」表現は、敗戦後の単なる文化状況叙述ではなく、地域社会の原風景イメージの形象化とも読めるのです。

「やくざ踊り」「やくざ芝居」という文化現象は、「昭和のええじゃないか」「敗戦踊り」などとも言われたように、占領下数年で消えていくという議論もあります。しかし、同時に広く民衆文化のなかでは相当後の時代まで残っていたのではないか、という意見もあります。歴博の展示では、二〇〇四年に開催された「民衆文化とつくられたヒーローたち」が、歴史的な問題の深さを示してくれます。

佐倉からも遠くはない千葉県九十九里町のある青年は、基地（九十九里射爆場）周辺の社会相をうたうと同時に、次の一句を残しています。

腕時計してチャンバラや　村芝居　　青童

（『白濤会』（九十九里町の俳句サークル）第四五号、一九五六年一一月四日）

コラム3
山村の〝バゴン〟

一九四〇年、長野県下伊那郡平岡村松島（現在・下伊那郡天龍村）で「平岡ダム」の建設が始まりました。戦時下の労働力不足のなかで、建設工事は「第一期は朝鮮人の自由労働者さらには強制労働者、第二期は昭和一七年から連行された連合国捕虜、第三期は昭和一九年から導入された中国人強制労働者によって遂行された」（『天龍村史』下巻、一一七五頁）と言います。しかし、資材不足のため一九四四年五月、工事は一時中止、敗戦後の一九四九年に再開され、五二年にダムは完成します。

敗戦直後の調査（一九四五年一二月）によると、平岡村には一四〇世帯・男性五三七人、女性一四〇人（計・六七七人）、一九四七年八月時点でも男性一一一人・女性一〇七人の朝鮮人が暮らしていました。「在日朝鮮人聯盟平岡分会」も一九四五年一〇月に組織され、四七年一二月七日には、「下伊那郡在住朝鮮人生活危機打開人民大会」の名において、①「日本人民ト相提携協力シ幸福ヲ築キ上ゲテ、世界平和ト民主主義確立ノタメニ、努力シテイル、我々ノ活動ニ協力セヨ」、②「朝鮮人ニ対スル為ニスル為《まま》ノ干渉ト弾圧ヲ中止セヨ」、③「朝鮮人ノ生活解決ノ具体的対策ヲ樹テヨ」、④「朝鮮人ヲ一般引揚者ト同様ニ処遇セヨ」、⑤「朝鮮人ニ仕事ヲ与ヘヨ」、⑥「旧植民地カラ引揚ゲタ戦犯的官吏ヲ即時罷免セヨ」、という決議文を村長に提出しています。こうした彼・彼女の子どもたちのために一九四六年五月に設立されたのが「満島朝鮮人学校」（正式名称―在日本朝鮮人聯盟満島初等学院）でした。『天龍村史』は以下のように記しています。

当初旧役場（現天龍村商工会館）前の人家を間借りしたものであった。間もなく長野町九一二番地（村澤喜源治宅地内）に建てられた新築校舎に移転するが、それもまた敗戦直後の状況にあっては、むろん「土地があるわけじゃないし、お百姓の家の池を借り、これを石や土を運んで埋」め、空腹をこらえ、汗だくになりながら、全てを人力で建てた板葺きのバラックであった。立ち上がったバラックは、その半分を「朝聯」の事務所に充て、もう半分を教場として使用していた。ちなみに当時の日本政府は、朝鮮人学校の創立について正式な認可を与えておらず、その呼称も〝ガッコウ〟ではなしに、朝鮮の言葉で〝ハゴン〟と呼ばれることが多かったという。……二十二年（注―一九四七年）の役場の調査によれば、生徒は《男子三一・女子三四》の六五人を数え……教科については、算数や理科・音楽と言った一般科目に加え、朝鮮語や歴史・朝鮮の生活習慣など、とりわけ歴史の授業にあたっては、約四十年にもわたる植民地政策の経緯が、それこそしっかりと教育されていたという。また児童だけではなく、朝鮮人一般にたいする成人学校も開校していた。（『天龍村史』下巻、四八八頁）

平岡村では一九四八年になると、翌年からの平岡ダム工事建設再開にともなって三三五人の朝鮮人居住者が記録されていますが、そのうち「学生・生徒」は一六七人でした。

一九四八年三月、東アジアに暮らす韓国・朝鮮人たちは「済州島四・三事件」の影響をさまざまなかたちで被ります。その波動のなかで日本全国各地の「朝鮮人学校」が弾圧・閉校を余儀なくされていきました。四九年一〇月、日本政府は「教育基本法・学校教育法違反を理由として」、「在日朝鮮人聯盟」系列の学校の閉鎖を命令、長野県では一〇月一九日、伊那町・大町・岡谷市の各朝鮮人学校とともに、「在日朝鮮人聯盟満島初等学院」も閉鎖・接収となりました。開校から三年あまりの生涯でした。残された子どもたちは平岡小学校・中学校への編入を余儀なくされます。一九五二年、平岡ダム完成をさかいにこの地の朝鮮人たちは離村していきますが、一九五五年当時にあっても神原・平岡両村（現在の天龍村域）で一五〇人、六五年でも七四人の「朝鮮籍・韓国籍を有する人々が、依然この地での暮らしを選択していた」のです（『天龍村史』下巻、四九四頁）。

連合国軍の「満島捕虜収容所」などをふくめて「平岡ダム」をめぐる戦時戦後の社会史を明らかにしていったのは主として在野の方々でした。「紡績女工」やアイヌとこの地域のかかわりを追い続けるルポライター・沢田猛さんの「奥天竜における朝鮮人強制連行」（永井大介と共著・『三千里』一九八二年二月号）、満島初等学院についての論考を発表した原英章さん（「満島朝鮮学校—終戦直後の民族教育の軌跡」『伊那』第三八巻第二号、一九九〇年二月）。地域のなかの「強制連行・強制労働」や日韓・日朝関係史に正面からむきあった『天龍村史』を編纂した方も、同じ下伊那の山村・南信濃村に生まれ、ながくこの地域の民間史学を主導してきた後藤総一郎さんでした。後藤さんが中心となった「常民大学」の学びと文化運動は、各地に広がっていきましたが、この地では特色ある「自治体史」として一つの実を結んだのです。「占領期」研究の視点—東アジアと小さな地域—民間学の発想を大事にしたすぐれた仕事だと思います。

コメント3

占領期の在日朝鮮人とその生活

趙景達
千葉大学教授

占領期の在日朝鮮人と朝連

朝鮮人が一九四五年（昭和二〇）八月一五日の解放の日——日本人にとっては終戦ですが朝鮮人にとっては解放です——に日本にどのくらいいたか、定かではない点があるのですが、公式的には、一九五万人ほどとなっています。しかし、統計に漏れた密航者などを含めると、二四〇万人ほどにも達していた可能性があります。それが八月一五日から翌年の三月末までのおよそ半年の間に、公式的には一三〇万人ほどが帰ったことになります。最大限の数字である二四〇万人をとると、一八〇万人近くが帰ってしまったわけです。実に四分の三ほどになり、三月末に残った朝鮮人は六五万人です。まさに民族大移動ですね。

あっという間に帰っていった最大の理由は、関東大震災の朝鮮人虐殺が再現されるのではないかという流言が広まったためです。人々は争うように日本海側の港へ押しかけて帰国船に乗ろうとし、待ちきれない者は自力で船をチャーターし、続々と帰っていきました。しかし、四六年の三月頃にはその恐怖もひとまずは治まったというわけです。もっとも、帰国熱が冷めたのには、他にもいくつかの理由があります。南朝鮮の政情不安や、日本以上の経済不安、失業問題などの情報が伝わってきたことと、またGHQが帰国者一人当たりに所持金一〇〇〇円、荷物二五〇ポンド（一一三・二五キロ）という厳しい制限を設けたことです。それでも、三月段階における朝鮮人在留登録者総数六四万七〇〇六人の内、帰国希望者はなお五一万四〇六〇人の多数に上っており、帰国を望まない者は一三万人強に過ぎませんでした。(1)

このような中で活躍した民族団体が朝鮮人連盟（朝連）です。これは解放とともに、全国的に下から自然発生的に誕生した民族団体を統合したもので、九月一〇日朝鮮人連盟準備委員会が東京で組織され、一〇月一五～一六日に結成大会が開かれました。当初は親日協力者もいましたが、結成の日に暴力的に排除され、朝連の主導権は共産主義者や民族左派が握ることになります。排除された親日協力者らは新朝鮮建設同盟（建同）を作り、右派民族主義者らがすでに結成していた朝鮮建国促進青年同盟（建青）と提携し、四六年九月二八日朝鮮居留民団（民団、のち大韓民国居留民団）を結成します。ここに在日朝鮮人運動は二大陣営に分裂することになるのですが、圧倒的力をもっていたのは朝連です。

朝連は、当初は同胞の帰国事業をGHQや日本政府と協力して推進していきました

(1) 森田芳夫『数字が語る在日韓国・朝鮮人の歴史』明石書店、一九九六年、一二〇頁。

が、帰国の波がやんでからは、朝鮮人は当分の間日本に在留するという前提のもとに運動を展開していきます。すなわち、朝鮮半島の政治的統一を射程に入れた民主臨時政府樹立運動を展開する一方で、生活擁護運動や日本民主化運動、大衆啓蒙運動、教育運動、文化運動などを推進していきました。朝連は、中央本部に財務部・外務部・情報部・地方部・社会部・文化部などを持ち、地方には本部以下、支部・分会などを整然とした形で従え、またその傘下には朝鮮民主青年同盟・朝鮮学生同盟・朝鮮民主女性同盟・朝鮮人商工会・朝鮮芸術家同盟・朝鮮人体育協会など多数の組織を置き、さらに新聞社や通信社、雑誌社なども運営していました。そして、特記すべきは民族学校を全国的に展開したことで、最盛期には五三〇校以上ありました。朝連中央学院や三・一政治学院などの幹部養成校も運営していました[2]。朝連はまさに日本全国を股にかけた巨大組織であり、日本一国のなかに散沙的に広がったミニ国家であったといってもよいくらいです。

こうした朝連は、当初日本共産党と同じく連合軍を解放軍と思い込んでいました。連合軍の方も朝連に対して当初は友好的でした。しかし、蜜月時代は長く続きません。GHQは、戦前以来の差別と偏見を持つ内務省や警察からの情報に基づき、四六年三月頃にはすでに朝鮮人をやっかいな存在と見なし、やがて共産主義分子が主導する敵性団体であると認識するようになっていきます[3]。

事実として朝連の方も、在日朝鮮人の解放は日本の人民解放闘争に参与し、天皇制

(2) 呉圭祥『ドキュメント在日本朝鮮人連盟』岩波書店、二〇〇九年。

(3) 小林知子「GHQの在日朝鮮人認識に関す

を打倒することだという認識のもと、共産党の指導を受け入れていました。そして、四八年九月の朝鮮民主主義人民共和国建国後は、統一朝鮮を標榜しながらも、この共和国を熱烈に支持していきます。その結果、冷戦的志向に凝り固まったGHQと日本政府によって、朝連は四八年（昭和二三）四月の民族学校弾圧を経て、翌年九月八日に解散させられることになります。解散理由は、朝連が暴力主義的であるということで、適用された法令は団体等規正令でした。

その後、朝鮮人の運動は一時沈滞します。しかし五一年（昭和二六）一月に、大衆団体ではあるが、非公然組織である朝鮮統一民主戦線（民戦）が結成され、再び活気づくことになります。民戦は朝連以上に共産党の指導を強く受けており、日本人党員よりも非合法活動に積極的に取り組んだといわれています。こうした事態への反動として、共和国の指導のもと五五年（昭和三〇）五月に朝鮮人総連合会が結成されるわけです。

以上のように占領期は、在日朝鮮人運動史の上では、朝連が存在した全期間と民戦の初期段階に相当し、果敢な民族運動や政治運動が展開された時期です。しかし、日本社会全体が困窮していたとはいえ、在日の生活は、現在からは想像もできないほどの日本社会の差別と偏見ゆえに、日本人以上に困難を極めた時代でした。ここでは、そのような激動の時代に、在日民衆は果たしてどのように生活を営為していたのかについてお話ししたいと思います。と同時に、在日の生活は差別の有無に関わりなく、当

る一考察——G－Ⅱ民間諜報局定期報告書を中心に」（『朝鮮史研究会論文集』第三二集、一九九四年）。

然に日本人との共生を前提としていたという事情に鑑みて、朝鮮人と日本人との葛藤についても言及しようと思います。

活性化する在日朝鮮人

戦前は、差別があるとはいえ、朝鮮人も日本人でしたし、労働力不足の問題もあり、朝鮮人が日本で働く場はたくさん確保されていました。自営業はもとより、工場や炭坑とか、道路工事、トンネル工事など、朝鮮人が働く場所には事欠きませんでした。ところが、戦後は日本人も働く場がなくなります。働く場ができても最優先に働けるのは、復員した日本人や引揚者などであり、朝鮮人は職場を失っていきます。朝鮮人は戦前以上の民族差別を受け、就労は容易ではなくなったのです。そうなりますと、朝鮮人はほとんど失業状態に置かれ、勢い生きていくためには、小商《こあきな》いかヤミ稼業をするしかないような状況に置かれていきます。

解放直後の在日の生活状況について朝連は、【史料1】のように分析しています。この史料の中で、〔C〕に属する者たちは、日雇的な最底辺労働か、ないしは何らかの小商いかヤミ稼業に従事していたものと推測されます。〔D〕も、そのように解釈して差し支えないでしょう。小商いといえども、ヤミ稼業と何らかの関わりを持たない経営は考えられません。当時、製造禁止の濁酒《マッコリ》・焼酎・飴などを作るのは、在日の間では誰もがやるような仕事でした。あるいは、食糧などを地方に買い求めて都市に運び込む「カツギ屋」や、これを買い取る文字通りの「ヤミ屋」も、朝鮮人の間ではありふれた仕事でした。朝鮮人は、もとより失業を繰り返し、小商いをすることには日本人よりも長けていましたし、またその特有のネットワークを通じて相互に助け合い、ヤミ稼業にも手を付けつつ、したたかに生き抜いていったと考えていいでしょう。

【史料1】

〔A〕すでに数十年間日本に滞在し独立企業を経営するに十分な資金の所有者となっている者やその家族、従業者――五％

〔B〕学生として日本に留学し現在社会運動に従事ないし諸種の文化事業を経営する者――五％

〔C〕キン少の資金や給料でかろうじて一家の生計を維持する者――七〇％

〔D〕まったくの失業状態にあってかろうじて個人の生計を維持する者――二〇％

（朝鮮人生活権擁護委員会「ニュース」第一七号、一九四七年四月五日、『在日朝鮮人史研究』第三号、一九七八年、所収、一四二頁）

したがって朝鮮人は、ヤミ稼業に対してさしたる罪悪感など感じていませんでした。そもそもヤミ市は、物資流通機構と配給体制の破綻によって誕生したものであり、政府も積極的な消滅策を取ることはできませんでした。[4] しかも「解放民族」としての意識を持つ朝鮮人の場合、日本国家への帰属感は薄いものでした。

ヤミといっても、これはずいぶんと明るいものです。戦前のヤミと戦後のヤミはどこが違うのかといいますと、戦前のヤミというのは、夜中に田舎に行って買い出しをし、官憲に見つからないように朝方、暗いうちに帰ってきます。戦後のヤミというのは、焼け跡の青空で公然とやります。ですから、これは本来の意味での闇《ヤミ》ではありません。一面これは、官憲もGHQも黙認していたのです。

こうして、帰国が難しくなり、生活は苦しくても、日本社会に対する恐怖が次第に薄らいでいく中で、在日朝鮮人はヤミ稼業に精を出し、逆に元気がよくなっていきました。当時を回顧して、生きるためにヤミ稼業をやったことを誇らしげに語る在日は少なくありません。たとえばある在日の男性は、「警察ににらまれ、手荒い調べを受けたが、開き直ったり、哀願したりしながら、危ない商売をくじけることなく続けた」と確信犯的に語っています。[5] また、当時六人の子供を抱えていたある女性も、「何度も捕まって、没収されて、警察に入れられて、まあ悔しい思いもしましたよ。それでも子供が口開けて待っていると思うから、頑張れたんですよネ」と誇らしげにヤミ稼業を回顧しています。[6]

(4) 樋口雄一『日本の朝鮮・韓国人』同成社、二〇〇二年、一五六～一五七頁。

(5) 金乙星『アボジの履歴書』神戸学生青年センター出版部、一九九七年、五四頁。

(6) 成順烈「警官が頭を

先にお話ししましたように、解放当初朝連とGHQの関係は良好でした。そのため、帰国者には特別な便宜が図られ、日本人にはなかなか買えない列車の切符も、朝鮮人は朝連を通じて簡単に買うことができました。あるいは朝連の名をかたり、勝手に列車に「朝鮮人専用」と書き、堂々と「ヤミ列車」を走らせるような者もいました。「解放民族」だという思いがそうした行為に拍車をかけたようです。英米の「一等国民」に対して朝鮮人は「二等国民」であり、日本人は「四等国民」だという認識を持つ者まで現れました。「四等国民」になったといったのは、マッカーサーで当時流行語となっていました。

朝鮮人のしたたかさを象徴する稼業には、軍部の隠匿《いんとく》物資を摘発する仕事もありました。朝鮮人はGHQから情報を入手していたようで、それを共産党に通報し、共産党の隠匿蔵物資摘発運動に便乗して摘発物の一部を分け前としてもらうのです[7]。中には当然、自分たちだけで勝手に「摘発」に及んだ者たちがいたことも、間違いがありません。五〇年代のことになりますが、開高健が『日本三文オペラ』でユーモラスに描いた、大阪旧陸軍工廠跡から鉄材を盗む「アパッチ」の存在は有名です。

敵視される在日朝鮮人と朝連の対応

ところが、このように貧しくともしたたかに生きる朝鮮人に対して、一時虚脱状態

下げた」（前田憲二・山田昭次ほか編『百万人の身世打令』東方出版、一九九九年）二九七頁。

(7)「宮城県共産党と仙台の在日朝鮮人社会——高橋正美さんと遠藤忠夫さんのお話し」（和光大学総合文化研究所年報『東西南北』別冊一号、二〇〇〇年）一三〇～一三一頁。

にあった一般日本人や政府・官憲などの反発が徐々に厳しくなっていきます。それは何よりも朝鮮人への迫害となって現れるのですが、朝連の調査によれば、敗戦の日から四七年三月一〇日までに七八件にのぼる不法弾圧事件が起きているといいます(8)。

この中には、徴用工五二四名が溺死した浮島丸事件（四五年八月二三日）や朝鮮引揚げの日本人復員軍人による朝鮮人一家六名に対する惨殺事件（一一月一一日）なども含まれており、朝鮮人への憎悪は、実は敗戦直後から顕在化していました。前者についていては、当時の朝鮮人は単なる海難事件とは考えていませんでしたし、現在でも謎です。関東大震災の再現を懸念する朝鮮人の恐怖は、全く根拠がないものではなかったのです。

朝鮮人を侮蔑するいわゆる「第三国人」観は、以上のような文脈の中で形成されました。「第三国人」というのは、朝鮮人は、当分の間国籍は日本だけれども、外国人として扱うというGHQの方針に由来します。納税などの義務の上では日本人並だが、取締の対象としては外国人と同様に扱うというわけです。GHQは朝鮮人を「戦勝国民」どころか「解放民族」としても、明確には遇していなかったのです。したがって、戦前は朝鮮人にも選挙権がありましたが、戦後は剥奪されました。その状態は一九五二年（昭和二七）のサンフランシスコ条約まで続きます。

ヤミ市でうごめき、日本人でも外国人でもなく、治安を攪乱する怖ろしい異質な存在というのが、当時造出された「第三国人」のイメージです。その原型はすでに戦前

(8) 前掲「ニュース」一三五〜一三九頁。

(9) 拙稿「近代日本における朝鮮蔑視観の形成と朝鮮人の対応」(三宅明正・山田賢編『歴史の中の差別——「三国人」問題とは何か』日本経済評論社、二〇〇一年)

において作られ、ヤミ社会を支配して犯罪行為を恣にしているというものでしたが(9)、戦後においてはそれが増幅されていきます。「第三国人」観が拡散するについては、マスメディアの責任が大きいということもいわれております(10)。現実には、日本人のヤミ営業者がおよそ七五%前後であるのに対して、朝鮮人は二〇%ほどと推測されており、朝鮮人がヤミ市を支配していたとは到底いえません(11)。確かに人口比からいえば、朝鮮人の活動が際立っていたのは事実ですが、それは朝鮮人から職を奪った日本社会の責任です。

こうした「第三国人」観に対して、朝連は当然に猛烈な抗議をしました。ことに四六年八月進歩党代議士椎熊《しいくま》三郎が質問した「第三国人の傍若無人な振舞いに対する処置」を問題にしました(12)。しかし他方で、朝連はヤミ稼業を行う、その傘下にある在日民衆に対して必ずしも肯定的な認識を持っていませんでした。労働者は勤労意欲を失ってヤミに走って酒色におぼれ、知識と財産のある者も非良心層は一攫千金を夢見て私腹を肥やし、最も不良化した者たちは集団強盗や窃盗、悪質ヤミ商人と化していると批判したのです。そのような厳しい批判は、在日民衆の活動が独立国家の体面と威信を毀損するものだという文明化＝国民国家の論理に基づいています。ここには、戦前からある日本人の朝鮮人認識を自らも共有してしまった朝連インテリ幹部のポストコロニアルな問題が潜んでいます(13)。

こうして朝連は、自らそうした「不良輩」を統制すべく自治隊なる治安部隊を組織

八五～八六頁。

(10) 三宅明正「「三国人」とは誰か、何か」(前掲『歴史の中の差別』)。

(11) 水野直樹「「第三国人」の起源と流布について の考察」(『在日朝鮮人史研究』第三〇号、二〇〇〇年) 二二～二三頁。

(12) 朴慶植『戦後在日朝鮮人運動史』三一書房、一九八九年、一一七～一二〇頁。

(13) 拙稿「解放前後期在日朝鮮人にとっての民族と生活」(宮嶋博史・金容徳編『近代交流史と相互認識』Ⅲ、慶應義塾大学出版会、二〇〇六年)。

しました。これはすでに四五年一二月には全国的に確認されますが、朝連を敵視したGHQによって解散命令が出され、翌年八月には解散されます。(14)自治隊はもっぱら青年たちによって組織されていましたが、自治隊自体がヤミ市や「不良輩」を取り締まる一方で、自らも勝手気ままな振る舞いをすることがありました。自治隊はやがてその治安能力を発揮していきますが、それに統制を与えるについての苦労話を、当時大阪本部長であった張　錠壽《チャンジョンス》という人物が回顧しています。(15)

しかし、ヤミ稼業を取り締まられたのでは、在日民衆は生きていけません。しかも、同胞から生業を奪われてしまうのです。民衆と接点を持つ末端幹部レベルでは、情状の余地を汲み取って寛大な処置をしました。地方の大幹部であった張錠壽でさえそうです。彼は幹部といっても、普通学校出身の旋盤工出身で、戦前労働運動に携わっていた人物です。彼は、取り締まるにせよ、むやみにヤミ米を没収したり、賭博金を没収したりなどせずに、温情的に対しています。また、ヤミ稼業で摘発された者に対しては、警察と交渉して赦免させています。朝連解散後には自らもヤミ焼酎を造り、同時に摘発された朝鮮人をやはり救っています。(16)

こうした事情は民団でも同じでした。中央大学法科出身の幹部である金鍾　在《キムジョンジエ》という人物は、その法律知識を生かして全国的に密造者を救済すべく当局と交渉に当たり、特別弁護人を務めることがたびたびありました。(17)

在日民衆の生活は、確かにたくましくしたたかに営為されはしました。しかし、彼

(14) 鄭栄桓「「解放」直後在日朝鮮人自衛組織に関する一考察――朝連自治隊を中心に」(『朝鮮史研究会論文集』第四四集、二〇〇六年)。

(15) 張錠壽『在日六〇年・自立と抵抗――在日朝鮮人運動史への証言』社会評論社、一九八九年、一五八〜一六二頁。

(16) 同右、一六〇〜一六一、二一〇〜二一一頁。

(17) 金鍾在『渡日韓国人一代』図書出版社、一九

らはやはり絶対的弱者であり、民衆に接点を持つ者は、民族団体幹部といえども、彼らに深く同情せざるを得なかったのです。在日民衆の生活はそれほどまでに苦しいものであったということです。

差別と困窮に喘ぐ在日朝鮮人

しかし、戦後復興がなされ治安力が強化されるに従って、ヤミ稼業は徐々に生業として成り立たなくなっていきます。ヤミ市は四八年頃から徐々に姿を消していきました。戦後復興とともに日本人は、ヤミ稼業から足を洗い、通常の職種に就くようになっていきます。朝鮮戦争勃発にともなう特需景気は、それに拍車をかけましたが、しかしその恩恵に朝鮮人はそう簡単にあずかることができません。戦前から企業経営をしていた者やいくばくかの資本を蓄積していた者にとっては、戦後の混乱は、その安定度には問題があるにせよ、「成功」を収める絶好の機会になりましたが、そうした者たちはわずかでした。

朝連は実は、一面財政的には彼らに依存していたところがあります。当時は、財力ある者は財を、智力ある者は智を、労力ある者は労を、というのが在日社会の暗黙の掟のようなものでした。在日実業家たちには、一人「成功」を収めたことに対する後ろめたさのようなものがあったようです。張錠壽は、そうした事情について**【史料**

七八年、一三四頁。

2】のように説明しています。当時、在日社会はまさに一体化していたということができるでしょう。

【史料2】

朝連には会費もないし、金の捻出するところがほとんどなかったから、実業家などをシンパにつけて金を集めたり、自発的な寄付金などで、ほとんど財政をまかなっていた。だから、われわれ朝連の専従活動家は、一銭も金をもらっていなかった。無報酬でやっていた。だから当時の活動家の家庭生活は惨めなものだ。みんな嫁さんが働いていた。（中略）日本で金をもうけて資産家になっている朝鮮人は、民族的な反逆行為はやっていなくても良心的な活動はしていないから、どこか後ろ暗さがあるわけだ。だから共産主義とか何とかには気前よく金を出した。

（前掲『在日六〇年・自立と抵抗』一七二〜一七三頁）

ヤミ稼業から足を洗って「成功」を収めた者たちがいなかったわけではありません。しかし、そうした者たちの苦労も相当なものです。日本社会の朝鮮人への差別と憎悪は、深まりこそすれ解消されることがなかったからです。鉄屑屋の一方で濁酒造りのヤミ稼業をやり、足を洗ってパチンコ屋を始めた者の妻は、【史料3】のようにその当時の苦労を回顧しています。日本社会で生活していくということは、「成功」を収めた者にとっても、まさに差別との闘いであったといえるでしょう。日本社会から排除されるチンピラのような存在からも、差別と排除の言動の対象にされるのが在日朝鮮人という存在だったのです。

【史料3】

パチンコ屋を始めた頃チンピラ多くてね。あの連中には本当にひどい目に遭わされたねえ。いじめ抜かれたもんだよ。パチンコの玉売り台の上に乗って座り込んだり、寝転んだりして邪魔をするんだよ。わたしは気が強い方だから、男ばかりのお客さんを相手に、赤っ子におっぱいやりながら玉を売るわけだろう、随分チンピラとやりあったもんだよ。その頃、本当に死に物狂いで働いた。玉を二斗樽に入れて洗って、袋に入れて拭いたり磨いたりね。それだけに朝鮮人のくせにと、チンピラにいじめられたんだねえ。近所の普通の日本人はみな同情してくれたよ。お巡りはチンピラにはあまり厳しくなかった。わたしたちは泣き寝入りだったねえ。

（朴寛淑「わたしは堂々と暮らしたい」前掲『百万人の身世打令』三一四頁）

当時の差別については、金嬉老《キムヒロ》の告発も参考になりますね。彼は少年時代の戦前に

[戦前・戦後の在日朝鮮人の職種]

職　業　別	1940年（A）	1952年（B）
鉱・工・土建業	66.5%	18.9%
農・水・運・自由業	15.1	10.2
商業	14.9	18.5
日雇・その他・家事使用人・失業者	3.6	52.4
合計	100.0	100.0

出典：朴在一『在日朝鮮人に関する総合調査研究』（新紀元社、1957）70頁。

も苛酷な差別を受け、日本敗戦時を少年刑務所で迎えましたが、玉音放送を聞いたとき、「涙をポロポロポロポロ出して泣いた」といいます。(18) 日本の敗戦を解放とは到底受けとめられないような皇民化された少年だったのです。そこには、差別されるがゆえに差別する側に必要以上にすり寄ろうとするような弱者の切ない心理を読み取ることができます。しかし、差別は容易に解消されず、苛酷な差別は戦後も金嬉老を苦しめました。やがて彼は差別されることで朝鮮人を取り戻し、とりわけ自らを排除しようとした警察ややくざに対して憎悪を深くしていきます。

差別に規定された、占領期における在日朝鮮人の生活困窮ぶりは、何よりも職種が戦前と較べて一変したことによく表れています。上表は一九四〇年と一九五二年における在日の職種を比べたものですが、激変したことが明らかです。前にお話ししましたように、戦前は働く場所がたくさんありました。炭坑や工場、土建業などは、苛酷ではあるけれども、在日が最も活躍

(18) 金嬉老公判対策委員会編『金嬉老の法廷陳述』三一書房、一九七〇年、一二五頁。

できる場で、実に六六・五%もの人々が携わっていたのです。日雇や失業者などはわずかなものでした。ところが、戦後は様変わりします。朝鮮人は、常傭形態としては肉体労働からも排除されて失業するしかなく、せいぜい日雇にありつければいいというような状況に追いやられてしまうのです。

こうした中で、在日朝鮮人の相互扶助は勢い強まっていきます。もとより伝統社会の朝鮮では、相互扶助の慣行は相当に発達していました。日本の講に相当する契が有名ですが、それは日本よりはるかに広範な部門に及び、その参加範囲も必ずしも村に止まるようなものではなく、親疎関係も様々です。一七世紀以降、朝鮮は日本同様に小農社会に入りますが、日本とは違って土地の売買や人々の移動は自由でした。にもかかわらず農業生産が安定していたわけではありません。そうした事情のために、見も知らない者同士でも即座に相互扶助をするような濃密な人間関係が形成されたのです。[19]戦後は戦前にも増して、こうした人間関係やネットワークが威力を発揮したといえるでしょう。民族学校の元教員のある人物は、「当時は同胞の家を回りながら食事をしたり、いくらかのお金をもらって教員どうし分けたりして食べ物を買っていました」と回顧しています。[20]また、張錠壽も現在と較べて当時を回顧し、「食事は朝鮮の人がいるところならどこでも食べさせてくれて泊めてくれたが、いま、日本にいる朝鮮人は、ハッキリ言ってみんな薄情だ。このころはもっとおたがいに大事にしていた」と言っています。[21]

(19) 拙稿「政治文化の変容と民衆運動――朝鮮民衆運動史研究の立場から」(『歴史学研究』八五九号、二〇〇九年)。
(20) 「金昌鉉談話」(金徳龍『朝鮮学校の戦後史』社会評論社、二〇〇二年)二二二頁。
(21) 張錠壽前掲書、一六九頁。

生活の実態――枝川朝鮮部落の事例から

当時在日朝鮮人がどれほど困窮した状況に置かれていたかということについては、在日朝鮮科学技術協会というところが、五〇年の年末に東京都江東区深川枝川《えだがわ》町一丁目において克明な調査をしています(22)。ここはいわゆる朝鮮部落(23)で、現在でも朝鮮人多住地域であり、井筒和幸監督の『パッチギ2』の舞台になったところとしても有名です。この朝鮮部落は、一九四〇年に計画された東京オリンピックの影響を被り、東京市の意向によって朝鮮人を強制移住させて作られたものです。ゴミ焼却場と糞尿の移し場がある環境劣悪な場所でした。協和会補導員(24)で確信犯的な親日分子の徐泰守《ソテス》という人物の暴力的支配を受け、住民は戦時下をヤミ稼業によって生き抜きました。四五年三月の東京大空襲の際には、住民は必死に焼夷弾による火災をくい止めて奇跡的に災害を免れ、そのため日本人罹災者が大挙して押し寄せましたが、住民は彼らを暖かく救護しました。

科学技術協会の説明によれば、戦後は半数以上の住民が帰国しましたが、彼らは紆余曲折の末に徐泰守の勢力を排除し、朝連の指導の下に、学校を作って講習会を開き、カストリ製造やヤミ稼業をやめて豚を飼い、次第に正業に就くようになっていったといいます。その結果、四八年一〇月大々的なカストリ摘発があったときには、ト

(22) 在日朝鮮科学技術協会「在日朝鮮人の生活実態(一九五一年)」(小沢有作編『近代民衆の記録』一〇、新人物往来社、一九七八年)。

(23)「部落」という呼称に差別性を感じるために、現在では「コリアン・タウン」といういい方が一般化しているが、かつては朝鮮人自身も「部落」といっていたし、在日の歴史的経験としてもこちらの方がピンと来るものがあるので、ここではあえて「部落」という呼称をそのまま使うことにしたい。

(24) 協和会とは、内務省

ラック二〇台分と予想されたカストリは、わずか二台分にしかならなかったとされます。しかし、その生活状況は依然として悲惨なもので、科学技術協会の調査には驚かさせられるものがあります。その調査は細部にわたるものですが、ここでは詳細に紹介する余裕がないので、特徴をつかめるようなところだけを若干紹介してみたいと思います。

　戦後には枝川にも日本人が住み着くようになり、約半数は日本人でしたが、五〇年末段階で朝鮮人世帯は一三四世帯を数えています。調査はその内の一一六世帯で行われ、世帯総人員は五三八名に及びます。この中で生産年齢者は二九二名ですが、失業者（無業者を含む）は一七三名で、実に全体の五九・二％に達します。世帯主だけについて見てみると、完全失業者は七・八％で、半失業者は三九・七％になります(25)。有業者は生産年齢者以外にも一名あって一二〇名ですが、その内圧倒的多数は屑《くず》拾い（金物拾い含む）で四四名であり、全体の三六％に当たります。屑の仲買人は八名で、その内の一名と薬屋一名だけがやや裕福と見られる階層であるに過ぎません。一般的な労働者は、工場労働者三名と国鉄勤務者を二名合わせたわずか五名のみです。したがって、生活保護世帯は実に八九世帯、七六・八％に上っています。

　住宅文化状況についていえば、街の風景は店屋らしい店屋も見当たらず、どこを向いても「豚小屋のようなバラック建」でありました。共同炊事場は水が出ず、水道管は錆びており、便所は雨水が逆流するような不衛生のもので、住民が汲み取って近所

や厚生省、警察機関などが中心となって、在日朝鮮人を統制しようとした全国的な組織であり、朝鮮人はみな協和会に加入させられた。協和会は同化政策を推進するとともに、朝鮮人を戦争協力に動員しようとした。

(25)全国的にはどれほどの失業者がいたか分からないが、五四年段階の民戦の報告では、在日六〇万の内七〇％以上が失業・貧困者の状況にいると把握している（「祖国の平和的統一・独立と民主民族権利のための在日朝鮮人の当面の任務」朴慶植

に捨てるような状況でした。住居は四畳半か六畳間一つだけで、一人一畳に満たない世帯が半数以上に上っています。そして、ラジオのない世帯は五六・九%で、新聞を購読しない世帯が二六・七%、過去一年のうちに衣類を購入しなかった世帯が三八・八%です。文化生活などとは縁遠い生活が彷彿とさせられます。彼らにとって日本はまさに煉獄《れんごく》であったでしょう。それゆえに、帰国希望者は全体の六六・四%に相当する三五七名に及んでいます。

医療状況について見てみると、近在の内科医の証言によれば、雑魚寝《ざこね》同様の集団生活で罹患率が非常に高く、慢性的胃腸疾患が多いといいます[26]。また、生活苦から喧嘩が絶えず、そのせいか外傷患者も多くなっています。一時は性病患者も多くいたといいますが、調査段階時には遊興費も捻出できないせいか、大分減っているとのことです。そして特徴的なことは、医学・衛生知識が希薄で、注射を嫌がり、迷信に走る傾向が強いということです。祈祷師や巫女（ムーダン）がやってくることがあり、慢性疾患の場合は顕著にそうした傾向が出てくるともいいます。こうした状況についてこの内科医は、「要するに、病気に対する植民地的感覚ですね」といっていますが、まさにポストコロニアルな現実が枝川部落を支配していたといってよいでしょう。

こうした状況はどこの朝鮮部落でも、共通していたように思います。枝川では徐々に酒の密造はなくなっていったようですが、川崎市川崎区桜本は当時「ヒロポン部落」といわれたほどヒロポン製造が盛んでした。占領期を三年も過ぎた頃の事です

編『在日朝鮮人関係資料集成〈戦後編〉』第一〇巻、不二出版、二〇〇一年、所収）四七頁。

(26) 当時朝鮮人の健康は、全国的にも憂慮されるほどの状態となっていたようである。やはり五四年段階の民戦の報告によれば、宮城県苦竹小田原町部落では、四〇～四五%が病気にかかっており、また全国的に「第一戦の活動家・幹部の健康状たいは想像以上に悪化して」いるとされている（同右、四七頁）。

が、この地を取材した朝鮮人ルポライターの記事があります[27]。その中に、ある元ヒロポン製造者の話が載っているのですが、その人物の極貧ぶりは相当なものです。その人物はわずか三畳間に七人で暮らしており、「あれをやめたら七人の家族がうえることを考えると、ついつい病みつきになってしまうのです」という、どうしようもない生活苦のゆえにヒロポン製造に携わっていたのでした。しかも、「ひとにあう面目がなくてね」という罪責感にも深いものがありました。

五八年八月から本格化する北朝鮮への帰国運動の背景には、このような在日の深刻な生活苦があったのを忘れてはならないでしょう。帰国者の圧倒的多数は南朝鮮出身者ですが、にもかかわらず燃え上がるような北朝鮮への帰国熱が醸成されたのは、共和国を「地上の楽園」と見る在日の救済願望があってのことです。そしてそのような救済願望は、まさに日本社会の徹底した排除の論理によって醸成されていったのです。

深川事件と日本人

占領期、朝鮮人は単に日本社会から排除されていただけではありません。前にも言いましたように、公権力そのものが朝鮮人を敵視しました。朝連に対する弾圧はもとより、実に様々な不当事件が全国的に起きていますが、日本人との関係性を考える上

(27)「「ヒロポン街」を探ねて」《新しい朝鮮》第五号、一九五五年、前掲『在日朝鮮人関係資料集成』第一〇巻、所収）一〇九頁。記事ではS町と出てくるが、内容から見て桜本であると判断される。

で興味深いのは、深川事件です。この事件では、朝鮮人を排除する側にいた日本人が、むしろ朝鮮人に同情する側に回ったからです。

この事件は、四九年四月に、先の事例と同じくやはり枝川で起きた事件です。事件の発端は、同月六日六時過ぎに起きました。月島警察署の私服警官三名が窃盗容疑者である成世煥《ソンセファン》という朝鮮人を枝川部落まで追い、ピストルを連発しながら逮捕したのですが、身柄を拘束したにもかかわらず、私服警官の内の一人がこの朝鮮人の脇腹に発砲して重傷を負わせたのです。全くの不法処置であり、殺人未遂の現行犯といってもよいくらいです。警察の朝鮮人への日常的な憎悪が端的に見られる象徴的な事件といってよいでしょう。しかし、朝鮮人たちはまだ彼らの正体を知りません。部落は騒然となり、朝鮮人たちは「この人殺し」といって私服警官三名を取り囲み、中には暴行を振るう者も出て来ました。やがて、彼らが警察官であることが判明すると、地元の朝連幹部らは彼らを救い出して署に帰します。事は本来なら、これで終わりです。後は発砲した警官の処分がなされるだけです。

ところが、月島署はこの警官の発砲を正当化し、この警官に暴行を働いた朝鮮人を逮捕しようと、連日五〇〇名の警官を動員して枝川を包囲しました。枝川というところは、島のようになった埋め立て地です。水陸四カ所に検問所を設ければ、部落民の出入はすべてチェックできます。出入者は全員身体検査までされたのですが、これは人権蹂躙《じゅうりん》です。朝連では検問所解除のため日本人向けに署名活動を行った結果、日本人住民六〇四名中四〇三名が署名をしました。月島署の面子《メンツ》は丸つぶれですが、それを糊塗《こと》するかのように、一三日には日本人一名を含む一六名を逮捕しました。ここに、人権弁護士として名高い布施辰治《ふせたつじ》が弁護人となって裁判闘争に発展し、かくて深川事件は大事件となったのでした(28)。

当初日本人は、朝鮮人の悪口を言っていたのですが、警察のやり方があまりに横暴で、日本人も被害を被るようになったので、逆に警察を非難するようになっていきます。そして、朝鮮人と日本人の間の溝が解消されて連帯が生じ、七月には米の増配を獲得する運動に発展して成果を得、また九月の朝連解散直後には、日本人をも含めた一五〇世帯にも及ぶ世帯が生活保護法の適用を受けるに至りました。朝鮮科学技術協会は、こうした事態が生じた理由について、「おたがいの生活の利害がまったく同一の関係にあることを、おたがいに身をもって体験したからである(29)」と総括していますが、的を射ていると思います。

たしかに「第三国人」とされる朝鮮人と日本社会との亀裂は深刻なものでした。しかし、底辺民衆の間にあっては、その生活難と弱者性は共通しています。それゆえに両者の間には、相互扶助の共同空間が成立することができたのです。先に述べた桜本では、ボス連中が組織する自治会がありましたが、朝鮮人の加入は許されませんでした。ところが、それに対抗するように、日本人の貧民層と朝鮮人の間では、互助会が作られていきます。桜本一丁目は、日本人のバタヤが四〇〇〇人もいるような典型的な

(28) 深川事件の概要については、前掲「在日朝鮮人の生活実態」(二八一～二八二頁)と「深川事件の釈放闘争」(前掲『在日朝鮮人関係史料集成』第二巻、二〇〇〇年、一五八～一五九頁)を参照。

(29) 前掲「在日朝鮮人の生活実態」二八二頁。

バタヤ部落でもありました。[30] 互助会を作るのに奔走したある日本人は、「民族とか政治とか、そういうものをぬきにして、おなじ水道をのんでくらしているぼくたちとしては、町をあかるくし、平和にすることだったら、すべての人が責任をもたなくちゃいけないと思います」[31] と語っています。ここでは、異なる者を排除しようとする、地域有力者主導の市民的な秩序護持の自治会に対して、互助会はまさに民衆的な共同組織として立ち現れており、民族の壁が打ち払われているのです。

話が少しずれますが、津軽三味線で有名な高橋竹山は、戦前期、身体障害者であると同時に、卑しいとされた門付《かどづ》けで生計を立てていたため、ずいぶんと差別され、時に非国民扱いを受けました。しかし、北海道などを旅をするなかで、いつも温かい援助の手を差し伸べてくれたのは、炭坑などで働く朝鮮人であったそうです。彼はその思い出を忘れることなく、のちに公演などではよくアリランを演奏したということですね。彼は「わたしが困っているときに、はげまし助けてくれたのは、わたし同様に貧しい人、いやしめられている人、しかし心のやさしい人たちだった」と言っています。[32] そこには日本社会から排除された者同士のささやかな連帯が確実に存在していました。

占領期というのは、混乱期であるとともに、急速に日本が復興を果たしていく時代です。しかし朝鮮人は復興から取り残されたままでした。そして日本人の中にも、取り残されて日本社会の片隅で生きていかざるを得ない人々が、なお少なからず存在し

(30) くず屋もバタ屋も、リヤカーひとつで屑を運んでくることに変わりないが、くず屋が屑を買い取るのに対して、バタ屋は資金がないがゆえに、屑をただ拾ってくる点が大きく違う。バタ屋は、当時の最底辺民衆であったといえる。

(31) 前掲「「ヒロポン街」を探ねて」一〇九〜一一〇頁。

(32) 佐藤貞樹『高橋竹山に聞く——津軽から世界へ』集英社、二〇〇〇年、五六頁。

ていました。関東大震災の時には、親方―子方関係に組み込まれているような最底辺の民衆が、国民化の意欲を持って朝鮮人を大量に殺害しました。しかし占領期には、敗戦という形で日本国家に裏切られたと感じた人々もまた多くいたでしょう。朝鮮人は、圧倒的には日本社会から排除されはしたのですが、一部ではその民衆性ゆえに、同じく底辺層を形成していた日本人との共生もなし得る余地があった時代が、占領期であったということもできるのではないでしょうか。少なくとも、在日朝鮮人史の立場からはそうしたことがいえるというのが、この報告の結論とするところです。ただし、過大評価するのも禁物であり、今後検証されていくべき問題であろうかと思います。

【参考文献】

森田芳夫『数字が語る在日韓国・朝鮮人の歴史』明石書店、一九九六年
朴慶植『戦後在日朝鮮人運動史』三一書房、一九八九年
樋口雄一『日本の朝鮮・韓国人』同成社、二〇〇二年
呉圭祥『ドキュメント在日本朝鮮人連盟』岩波書店、二〇〇九年
小林知子「GHQの在日朝鮮人認識に関する一考察――G―Ⅱ民間諜報局定期報告書を中心に」(『朝鮮史研究会論文集』第三二輯)一九九四年
水野直樹「「第三国人」の起源と流布についての考察」(『在日朝鮮人史研究』第三〇号)二

〇〇〇年
三宅明正「「三国人」とは誰か、何か」（三宅明正・山田賢編『歴史の中の差別』日本経済評論社）二〇〇一年
鄭栄桓「「解放」直後在日朝鮮人自衛組織に関する一考察――朝連自治隊を中心に」（『朝鮮史研究会論文集』第四四集）二〇〇六年
趙景達「近代日本における朝鮮蔑視観の形成と朝鮮人の対応」（三宅明正・山田賢編『歴史の中の差別――「三国人」問題とは何か』日本経済評論社）二〇〇一年
趙景達「解放前後期在日朝鮮人にとっての民族と生活」（宮嶋博史・金容徳編『近代交流史と相互認識』Ⅲ、慶應義塾大学出版会）二〇〇六年

パネルディスカッション

パネラー　浅井良夫
天野正子
大串潤児
趙　景達

司　会　原山浩介

原山　ここからは、総合討論というかたちで議論を進めていきたいと思います。本日は、浅井良夫さんのご報告に続き、天野正子さん、大串潤児さん、趙景達さんのお三方の、コメント、というよりもミニ報告をいただきました。

占領期という時代について、大串さんのお話の中で、「サンフランシスコ平和条約が発効し、時代区分としての占領期が終われば、占領も終わったといえるのか」との問いかけがありました。たしかに、敗戦後の占領の時代というのは、その定義の仕方を含め、じつに様々な問題をはらんだ時代だといえます。今日この場で、ダイレクトにこの問題について議論するのは難しいかとは思いますが、むしろそうした議論への糸口になるような論点を、四人の先生方のお話の中から見出しつつ、議論を進めてまいりたいと思います。

ひとつは、それぞれの先生がたのお話の中に出ていた論点なのですが、敗戦後の占領には、国境線によって、あるいは国民の範囲を確定することで、人びとのつながりや動きを切っていったという性格があったのではないかということです。たとえば大串さんのお話の中で、大阪と済州島の話が出てきました。済州島から島外への渡航が活発化する過程で、日本、とりわけ大阪は重要な渡航先になっていったわけですが、その際に、そもそも国境というものがどのように意識されていたのかというのは重要な論点だろうと思います。つまり、意識の上での国境の見え方と、制度として決められた国境にはズレがあったこと、そしてこのズレが占領によって顕在化させられたとみることができるのではないでしょうか。これは、日本と朝鮮半島との間の交易が、ある時点から「密貿易」になってしまうということとも関連しています。

他方で、こうした境界線の引き直しとは逆のベクトルをもつ話として、生活防衛をひとつのベースにしながら、人びとのつながりができていったという面も見ておかねばなりません。もちろんそのつながりというのは、必ずしも安定したものではなく、状況に応じて人びとのつながり方が不断に作り直され続けていきます。「草の根」的に人びとのつながりが再構築され続ける過程として、占領期を捉えることもできるかと思います。

これらのことにつきまして、まず、趙景達さんからお話しいただきたいと思います。その後、天野さんにも、生活防衛という観点から、お話をおうかがいできればと思います。

趙

今日の報告で私が一番言いたかったことは、在日朝鮮人にとっては植民地的な状況が、敗戦後――朝鮮人にとっては解放後――も引き続くということです。当初在日朝鮮人は、関東大震災の際の悲惨な記憶から、先を争うように帰国の道を選びました。それはまさに、現実的に被っているかいないかに関わりなく、暴力を日常的に感得している在日の植民地性です。しかし、帰国への道が難しくなり、現実的には関東大震災の再来のようなことがなくなりはしても、在日の植民地性は続きました。戦前以上の就職差別です。勢い在日はヤミ稼業に活路を求め、一時は、貧しくはあってもたくましく生き、「解放民族」という思いもあり、その生活は活性化していきます。

しかし、ヤミ稼業が難しくなると在日は失業者の群れとなり、その生活はとんでもない困窮化した状況に置かれるようになりました。そうした状況の典型が東京の枝川《えだがわ》に見て取ることができるわけです。朝鮮部落は劣悪な生活・衛生環境を強いられ、官憲からはなお理不尽な差別と暴力を被っていました。植民地性は、なお続いていたどころか、戦前にも増して強まったということができます。占領期は、在日朝鮮人にとってはまさに植民地そのものであったのです。

ところが、日本人のなかにも戦争の後遺症ゆえに、復興に取り残される人びとがいました。在日と彼らは、必ずしも円満な関係であったということはできませんが、しかし生活防衛という局面において、連帯できる余地を残していたのです。そのことも枝川の歴史がよく物語っていますし、他の朝鮮人集住地においてもそうでした。日本社会から排除される者同士の共感と相互扶助の関係性です。最底辺労務者であるバタ屋やくず屋の世界は、そうした共同性の典型であるように思います。また、天野さんのご報告にも出てきましたパンパンの世界にも、様々に排除された者同士の共感と共生の場があったのではないでしょうか。

以上のことから占領期とは、在日にとっては苛酷な時代ではありましたが、排除された者同士が助け合い、戦前以上に牧歌的な共同体を形作っていた時期であったと評価することができるでしょう。朝連は、そうした共同体的状況があったればこそ、それとの相互扶助的な関係の上に初めて活発な民族運動を展開することができたのだと思います。

しかしながら、朝鮮人並みに排除され、劣悪な環境に置かれた日本人も徐々に上昇を果たしていき、日本の市民社会の一員になっていきます。そうすると、朝鮮人はますます孤立的な状況に陥っていきます。このような状況の中で起きたのが北朝鮮への帰国運動だったわけです。したがってそれは、占領期も、そしてそれ以後も、ある意味では戦前以上に強化された植民地性

＝ポストコロニアル状況が引き起こした、結果的には多分に悲劇性を生み出すことになる、アイロニカルな「解放運動」であったということができます。

天野　これまでのお話は、戦前よりも植民地的状況にあった在日朝鮮人と、同じ日本人のなかでも疎外されていた日本人とが生き抜くために、国境をこえた助け合いネットワークを結んだということ、そのつながりも日本国家や日本の社会状況の変化によって不断に再編されつづける不安定なものであったという事実でした。

占領期というのは、ヤミとインフレの時代を生き抜く必要にせまられ、さまざまな場所で、狭い身内や仲間内をこえた見知らぬ人たちとの助け合いの集まりが生まれた「一瞬」の時代、といってよいと思います。ここでのアクセントは、第一に「仲間内をこえた」「見知らぬ人びと」という点であり、第二に「ヤクザの支配する闇市」とも、国家権力とも、家族的連帯からも切れた、自立的なルールによる運営という点にありました。

買い出しルートを秘密にしたいというエゴイズムがはびこるなかで、たとえば哲学者の藤田省三は、東京の中野区江古田《えごた》の、見知らぬ人たちが互いに必要なものを交換し合う民間交換所のことをとりあげています。敗戦の年のことです。政府の指図なしに「民間公共の市場として」人びとの自立的なルールで運営される公共空間です。* 江戸川区平井町では、必ずしも近隣同士ではない主婦たちが集まり、内職を斡旋しあったり、生活物資を買うための情報交換をしあう生活会と呼ばれる集まりがありました。当時、こうした生活の場の利害が土台になければ、主婦が集りをもつことは困難だったし、内職の賃金を安く叩かれないためにも、つながることが必要でした。**

主婦以上に切実な動機から群れをつくらねばならなかったのは「パンパン」と呼ばれる女性たちでした。彼女らは街ごとに五～六人が一組になり、ナワバリという名の群れを守っていました。働きの少ないものへの援助、ヒモの男性と手を切ろうとするものへの加勢、「刈り込み」（強制連行して病院に送り、性病の検査・治療を施して街にもどすという警察の仕事）についての情報交換など、彼女らにとってナワバリは、警察と役所という公権力に対する、境遇を同じくする女性たちの結束を意味したのです。***

このように衣食住に関わる基本的な生活の構造が全面的にくずれ、「下降的平準化」がすすんだこの時期、「助けることで助けられる」という互酬の原理が呼びもどされます。そこには何らかの流儀で互いに肩を寄せ合う、同時代の道連れ感覚といったものが確かにあったように思います。

けれども、それ以後日本の社会では、復興ないし社会の秩序化とともに、

*敗戦の年の民衆の新しい動きについては、藤田省三「昭和二十年、二十七年を中心とする転向の状況」（思想の科学研究会編『共同研究・転向』下）一九六二年、に詳しい。

**生活会ならびに生活をつづる会については、鶴見和子編『エンピツをにぎる主婦』毎日新聞社、一九五四年に詳しい。

***「パンパン」をめぐる助けあいサークルについては、天野正子「群れて生きる」『「つきあい」の戦後史』吉川弘文館、二〇〇五年、を参照。

こうした集まりが上部団体や旧リーダー層の指導のもとに組み込まれ、自律性を失っていきます。もちろん、平井町の生活会のように、助け合いから、家族の先行きや生活への不安を書き留めておこうと、「生活をつづる会」へと自立していく集まりもありましたが……。多くは、戦後の復興とともに、狭い仲間内だけの交流へと収束していきます。こうした占領のある時期、一瞬でもみられた権力から切れた人びとの交流の意味を、くりかえし考えてみたいのです。

原山　ありがとうございました。ヤミという点についていえば、趙さんのお話は、排除された人々が、ヤミとインフレの時代に、ある種の共感と相互扶助の関係をもちえたというお話だったと思います。また天野さんのお話は、この時代を生きぬくために、「仲間内をこえた」「見知らぬ人びと」が、生活防衛のネットワークを形成したという点をご指摘いただきました。もちろん、占領下の民衆生活をみる時に、ヤミ市が解放感のあるすばらしい場所だったとか、あるいはその逆に、ヤミ市が諸悪の根源であった、という簡単な話にはならないだろうと思います。むしろ、ヤミ市が生起する様々な必然性をはらんだ時代背景のなかで、人びとはそれぞれの境遇に応じて、異なる動きをしてきたということになろうかと思います。

生活防衛という文脈のなかで、それぞれが違った動き方をしていく、そのさなかで、人びとのつながり方にも多様性が出てきます。このことは、お二人のお話のなかに垣間見ることができます。同時にこれはまた、大串さんのお話の中にあった、「仲間」や「つながり」の再定義が繰り返されるという論点ともつながってくるだろうと思います。この辺りについて、大串さんからお話をおうかがいしたいと思います。

大串　お二方のお話を聞いていて思ったことですが、キーワードになりそうなのは、「社会の安定」、あるいは、「秩序化」と言ってもいいのかもしれませんが、そうした事態だろうと思います。占領期は、もちろん多様な側面をもつのですが、ある意味自由というか、「見知らぬ者同士の連帯」の条件があるということでしょう。自発的に女性たちが内職を分け合うとか、マーケットを作るということでもそうですが、そういうことが占領期の特徴である。とするならば、次の時代まで問題の視野を延ばした時に、天野さんの話でもそうですが、社会全体が改めて「秩序化」してくるということだろうと思います。

そこまで考えた時に、最近の現代史研究では一九五〇年代、もっと幅広くいうと、昭和三〇年代も含むわけですが、その時代の研究が進んできていま

す。そこでもポイントになっていく問題は、ある種の「秩序（化）」の意味です。たとえば労働運動で、職場単位の労働者文化が生まれかけるとか、地域社会でいいますと、専門的に農業経営を勉強するグループであったり、青年団でもいいのですが、地域に根ざしつつ青年独自の組織が相当活発に活動する、ということがあります。こうした動きは、原水爆禁止運動など広く「戦後革新運動」の根を支えているという考え方も出来るのではないかと思います。ただ五〇年代の社会運動の強さというのは、アンビバレントで、占領期の自由さを切っていくという側面と、だからこそ社会運動の中では組織として固まっていくから運動全体としては強くなっていく。「戦後革新運動」の組織丸抱えといった問題につながっていく論点です。五〇年代の研究が出てきているので、占領期を五〇年代史研究の蓄積の上に立ってもう一度見直してみる、その必要性を強く感じました*。

では、その際どのような問題が手掛かりになるかということですが、なかなか難しいのですけれども、ひとつは、戦後の地域文化運動、あるいは生活記録運動でもいいのですが、そういう中で、地域で民衆たちと一緒に動いているサブリーダーのような人びと。そういう人々がいて、その人達の民衆論、文化論をもう一度洗い直してもいいかなと思っています。最近復刻版も出て話題になっていることですが岩手県の国保連に勤め、『岩手の保健』の

*例えば最近のものに森武麿編『一九五〇年代と地域社会』現代史料出版、二〇〇九年。

編集をしていた大牟《おおむ》羅《ら》良《りょう》という人物などです（大牟羅『ものいわぬ農民』）。また、たとえば、天野さんの話に関わっていえば、婦人団体が地域によって系列化されていく中で、元々はＧＨＱが小グループ活動をやれということで始まったのですが、そうではないかたちで婦人会の活動を考えようする動きが出てくる。こうした活動を行っていた女性が広島の山代巴《やましろともえ》ですが、彼女は文化運動や婦人会の活動のなかで非常に悩んで何をやろうかと考えた時に武《たけ》谷三男《たにみつお》さんの文化論と出会い、彼女の実践活動の構想を考え始めます（『山代巴文庫』第Ⅱ期）。そうした地域で民衆に寄り添いながら文化運動ないし、文化論を作っていった人びとを一方に置きつつ、社会が安定していく、この二つの側面が占領をくぐった上での五〇年代論のポイントになっていくのではないか。こうお話を聞いていて思いました。こういうことをふまえた上で、占領期における自由さ、山代巴や大牟羅良といった地域文化を支えた人びとの思想・発想の根っこはどこに生えているのかを考えることはおもしろい問題だと思いました。

もう一つは占領から一九五〇年代の社会運動とアジアの関係といった問題ですが、ここではまとまった発言ができません。宿題にさせて下さい。

原山　ありがとうございました。いま、地域のサブリーダーというお話が出ました。それぞれの地域の動きについて、傑出した人物が一人いて、その人物によって様々な運動が展開された、という整理にはならないということだと思います。たしかに、いろいろな地域や職場に、戦後の民主化を含むさまざまな経験の束を、ひとつの社会思想として体現するかのような人物がいるのですが、それを全てその人個人の能力に帰していくということではなく、むしろそのような人物が生み出されてきた背景を見なければならないでしょうし、その角度から議論を重ねていくことで、占領の時代の意味に迫っていけるのだろうと思います。

この論点と、多少関わりがあるのですが、会場から天野さんへの質問の中に、次のようなものがありました。これは非常に難しい問いでもあるのですが、なぜ一九五〇年代、あるいは五五年以降、女性の活発な動きというものが、再度主婦化するということに収斂していくのか、というものです。これは模範解答があるような話ではないかも知れませんが、天野さんに思いつくところをお話しいただければと思います。

天野　たいへん重要で、そして難しい質問だと思います。私は占領期を、五〇年代後半からすすむ女性たちの主婦化への「心理的下地」、つまり心理的な受け皿がつくられた時代と規定して、いくつかの要因について報告しました。

主婦化が実際にすすむのは、五〇年代後半にはじまる高度経済成長期です。日本社会の産業構造が第一次産業から第二次産業へと転換し、自営業中心社会からサラリーマン中心社会へと移っていきます。数字をあげてみますと、自営業就業者は、五五年の五七％から六五年には三九％へ大きく減少しています。その分、雇用者、いいかえればサラリーマンがふえたわけです。

自営業世帯では、ご存知のように、生活の場と働く場が一体で、夫も妻も一緒に農作業や自営業で働いていました。戦後になってはじめて女性が働き出したのではなく、戦前からずっと女性は生産労働に関わってきたのです。サラリーマン世帯は自営業世帯とは異なります。職住分離です。家を離れて企業や組織で働く夫と、留守をしっかり守る妻。こうしてサラリーマン世帯の増加、いいかえれば職住分離がすすむにつれ、女性の主婦化が進んだのです。*

主婦化を進めたのは、産業構造だけが要因ではありません。当時の若い女性たちは、自分の母親たちが農業や店の仕事とともに家事労働を担い、二重負担で苦労している姿をみてきました。「ああ、わたしはサラリーマンの奥さんになって、二重負担から解放されたい。疲れ切ったお母さんのようにはなりたくない」。サラリーマンの妻の座が「憧れ」となったのです。こうした女性の側の意識の「自発性」も、見逃すことができないでしょう。

*主婦化がすすんでいく状況を明快にわかり易く描き出したものとして、前掲『21世紀家族へ』を是非読んでほしい。

こうしたサラリーマンの妻を理想とする意識や感受性は、占領下ですでにつくられはじめていました。今日も報告したように、新聞や雑誌などのマスメディアがふりまく夫婦と子どもからなる核家族像や、「結婚するなら、絶対に恋愛で！」という恋愛への憧れ、新生活運動という名で従業員の家族計画の指導にのりだす企業からの働きかけ、性と生殖の分離にみる女性の身体性の変容、子どもを少なく産んでよい子を育てるのが家族の幸福という新しい家族規範など、主婦化を受け入れる心理的基盤はゆっくりとつくられていくのです。

時代の気運、時代の気分というものもあります。占領の初期には、先行きどうなるか分からない、不安やとまどいと同時に、民主主義の息吹、自由の息吹のような気分がみなぎっていました。くりかえしになりますが、戦後第一回衆議院選挙の結果、一挙に三九名という女性代議士を国会へ送り出しました。女性の投票率も予想以上の高さでした。そのあと、政治に参画していく女性の数は激減していきます。背後に占領政策の転換という外部環境の変化や旧勢力の復活も、もちろん、あるでしょう。同時に、女性たち自身、政治や社会への参画よりも、「女は家庭中心」というライフスタイルへの志向を強め、心情的に保守化していきます。

その他にも今日はまったくふれていませんが、占領下での、雇用の場で働く女性の状況がどのようなものであったのか、という点です。一九四七年の労働基準法の制定後に、むしろ女性の結婚退職制度や男女別定年退職制度が企業に広まっていく状況がありました。*女性の労働権を保障するための労働改革が実質的にどこまですすんだのか、という点も深く関わっています。

こうしてさまざまな要因が相互に作用しあい、高度成長期にすすむ女性の主婦化を促したと考えられます。主婦化についても、いくつもの多面的な仮説をつみあげ、精密な実証をつみあげていきたいですね。

原山 いま、天野さんはご報告の中で、新生活運動に触れられました。子供をどう産んでいくのかということにまで秩序化の波が押し寄せ、身体の規律が作られていくという面が、たしかにありました。

以前、新生活運動に関係する刊行物のなかで、面白い話を見つけたことがあります。それは、農家でも労働時間を決めて休日を作りましょうというものです。時間管理の面で、農家を「サラリーマン化」する方向で規律化しようという趣旨なのですが、これは基本的にうまくいくわけがありません。そもそも休日を予め決めておいても、天候次第では、作業をするかどうかを含めて、時間の使い方が大きく変わってくるわけです。つまり高度経済成長期には、本来、休日を決めるということがなじまないはずの領域にまで妙な秩

＊労働基準法の第四条（男女同一賃金の原則）規定は、性別による差別的処遇を明文で禁止し、その意味で労働における男女平等への期待を抱かせた。しかし、皮肉なことにこの第四条が、企業における女性の結婚退職制度など、差別的処遇が合法であることの根拠とされた。なぜなら第四条は賃金以外の差別的処遇を禁止していないとみなされたからである。

序を作り出そうとする動きが起こったわけです。

実際に農家がどの程度、こうした動きに同調したかは別として、ある時代の空気を作ることにはつながったのではないかと考えられます。だから、毎月お給料をもらうという意味でのサラリーマンに実際になったのかどうかはともかく、サラリーマンのようなスタイルで働き、生活するのが現代人らしいことなのだという想念が、時間をかけて作られていきます。そしてその際、天野さんがおっしゃるように、女性は家のことに力を入れられるほうがいいという話がついてきます。

そうした規範化の動きを視野に入れながら、一九五〇年代から八〇年代くらいまでの「サラリーマン化」をもう一度捉え直してみないと、本当は先ほどのご質問、すなわち主婦化ということが上手く見えてこないかもしれません。そうした意味で、先ほどの質問は、非常に重要で、大きな問題を含んでいるのではないかと思います。

さて、今までの議論をふまえて、補足など、何かございますでしょうか。

大串　浅井さんの議論とかかわるのかもしれませんが、「貫戦史」という考え方についてです。新生活運動でいうと、名前そのものはどれだけ社会的に広がっていたかはわかりませんが（「生活刷新運動」「生活改善運動」など）、一九四〇年代には産業報国会が中心になって新生活運動に似た運動が始まっているのではないかという議論があります。* 京浜工業地帯にある日本鋼管は、戦後新生活運動で有名になりますが、戦時下で「家庭向上班運動」と称される「主婦」の組織化が始まります(『産報神奈川』七八号)。こうした運動の機能としては「戦時生活」を作るための「無駄の排除」という側面が強いのですが、それは職場の労働者をつかむためだけではなくて家族をつかんでいく動きです。やがてそれが戦時中ですので、配給の基盤になっていくわけです。隣組でつかまえていく路線と、労働者を家族丸ごとつかまえていく路線と二本だてなっていくわけです。産業報国会を通して始まるこうした動向は、それこそ職員と工員が一緒になってハイキングに行ったり、文学活動をする厚生・文化運動としても展開しています。** この問題と戦後の新生活運動との関係ということも重要な問題になってくるのかなと思っています。

新生活運動というのはとても難しくて、家族計画もその一つですが、科学的家庭管理法などの家庭全体のマネージメントいった側面もあって、農村でいえば「無駄の排除」、葬式の簡素化といった従来繰り返し言われている生活規範の実践を主張する運動もあります。文脈が広くかつ複雑なのでなかなかうまく整理してつかまえられません。新生活運動とそこで求められている女性像、労働者とそのパートナーとしての女性像という問題は、相当長いス

*三宅明正「戦後改革期の日本資本主義における労資関係」『土地制度史学』一三一号、一九九一年など。

**大串「大政翼賛の思想と行動」『岩波講座アジア・太平洋戦争』第二巻、岩波書店、二〇〇五年。

パンでみてみないと分からないかなと最近思いはじめています。そういうモデルの中から、先ほど趙さんのおっしゃった問題、戦時には現実の職場では朝鮮労働者が入り込まざるを得ないとか、学徒兵が入り込まざるを得ないとかといった現実があるので、占領、そして戦後へと完全に直線ではないという問題も出てきます。

原山　ありがとうございます。今のお話で、私が、とある大学の講義で少しいたずらをしてみたことのを思い出しました。一九三〇年代後半から四〇年代にかけて、戦争のために生活を切りつめていきましょう、質素にしていきましょうという——具体的には冠婚葬祭の簡素化などいろいろなことが入ってくるのですが——そうした内容が書かれている資料と、戦後の新生活運動の注意書きみたいなものを並べて、そこから「戦争」という時代背景が分かる文言を外したものを配布したことがあります。こうすると、さすがによく勉強している学生にも、区別が全く付きません。

大正、昭和初期に都市部でおこった生活の合理化運動と、戦後の新生活運動、あるいは生活改善運動なども含めて、使われるロジックは基本的に一緒です。ただもちろん、それぞれの間に具体的に内実の連関がどこまであるといえるのかは、もう少し慎重に考えてみる必要がある課題です。そこでは、最初の浅井さんがご報告に出されていたような、「貫戦史」というものが、一定の意味を持ってきます。

今日のこれまでの議論の中には、大きな断層のようなものがあります。最初に浅井さんがおっしゃった、貫戦史の議論で見える部分と、一方で農地改革といった所有関係が変わっていくことのインパクトの大きさ、つまり変わることと変わらないことが混在していることを、総体としてどのような論理でつかまえていったらよいのかという問題です。そのあたりの断層のようなものを、今までの議論をふまえて、浅井さんにお話しいただければと思います。

浅井　今の大串さんのご発言に関連して申し上げたいと思います。歴史というのは時間的に縦につながる因果関係であり、必ず連続していますから、本当の意味での断絶はありません。しかし、大きな変化がある時代に起きることはあります。それが歴史のダイナミズムのおもしろいところではないかと思います。たとえば農地改革といった場合に、第一次農地改革法案は議会では否決されそうになります。有無を言わさぬマッカーサーの命令で第一次農地改革法案が通りました。しかしそれでは不充分だということで第二次農地改革になるわけです。地主は戦前の帝国議会において重要な位置を占めておりま

した。地主制が時代遅れとなっていたことは誰の眼にも明らかでしたが、地主が大きな力を持っていた議会は、大胆な改革に乗り出せないというジレンマを抱えていました。ですから、占領軍によるプッシュが必要となったわけです。

最初に原山さんが出された問題に戻らせていただきたいのですが、国境というのもなかなか難しい問題です。占領期には密貿易がさかんに行われていたようです。具体的な統計データは、密貿易ですので存在しないわけです。摘発の統計や、捕まった密貿易業者の供述はございますが、実態はよく判りません。占領期の密貿易では、戦前のネットワーク、たとえば沖縄や朝鮮半島との民衆レベルの経済取引が、戦後そのままつながってきたわけです。韓国との密貿易は、国境管理が厳しくなったために、五〇年代はじめにはかげをひそめます。それだけでなく、五〇年代は、公式の日韓貿易も停滞し、ほとんど存在しないに等しい状態でした。韓国は、日本との関係を切ることによって、国民としての統一性を回復していくわけです。切るという行為によって発揮されるエネルギーみたいなものがあるわけです。ナショナリズムのそうした側面をどう評価するかは、歴史学としては難しいことだと思います。歴史的な経過点として、そうした時期があったことは事実として認めなければいけないだろうと思います。第二次世界大戦後、たとえばヨーロッパのポーランドのような国は、従来、ドイツ人、ユダヤ人が沢山住んでいた国であったのに、ほとんどポーランド人しかいない状態になります。そういう国民として凝縮する際に発揮されるエネルギーを、歴史的にどう評価するかは、なかなか決着をつけがたい問題ではないかと思います。

原山　ありがとうございました。

おそらく話し足りない点もあるかと思いますが、時間がいっぱいになってきております。実は一件非常に難しい質問が来ております。

「占領下の日本人は自らが生きるために必死であったことが理解できました。しかし、第二次世界大戦中、アジア人民二〇〇〇万人を殺した自分たちのことをどのように把握し、どのように総括をしたのでしょうか」。

これは質問というよりも、大きな問題提起であると思います。いろいろな言い方でこの問題について論じることは可能でしょうけれども、本日のように、民衆がどう生き延びようとしてきたのかということとの関わりで議論をすることと、いわゆる戦争責任に近いことを同時に議論することというのは、たいへん難しいことです。

そのあたりのギャップのようなものを、私たちはどう考えていけるのか。例えば、庶民は何も知らなかったという言い分もあるでしょうし、状況に巻き込まれていた、あるいは主体的に総力戦体制に飛び込んでいく部分もあった、など、いろいろな把握や言い方があり得ると思います。
最後に、今のご指摘について何か思うところがあれば、そのことについて、また言い残したことがあればそれについても、それぞれの先生方にお話しいただきたいと思います。また、浅井さんにはいくつか質問が来ていますので、それもあわせてお話しいただければと思います。

趙

日本社会から排除された日本人と朝鮮人が連帯した問題ですが、これは一面的に考えることはできないと思います。報告でもお話ししましたように、関東大震災を思い起こしていただきたいですね。六〇〇〇人ほどの朝鮮人が殺されたということになっていますが、それを行ったのが親方―子方関係の人々、最底辺の人々です。つまり日常的には町の中で排除されているような人間が、親方や旦那衆から「お前のような人間が必要だ」と言われ、朝鮮人を捕まえ殺害するにいたったわけです。彼らは朝鮮人を殺したことで振舞酒をもらい、「天下晴れての人殺し」だと晴れがましくさえ考えるのですが、そこには排除されている人間が、自分よりもさらに排除されている者を抹殺することで、真の日本国民になろうとする陰湿な国民化運動の様相が垣間見えます。

ところが、占領期には排除された者同士がふれあうという側面が出てくるわけですが、ここには民衆の両義性を認めることができようかと思います。占領期にも、排除された日本民衆が朝鮮人をさらに排除するという構図も一方であったはずです。朝鮮人とやくざとの抗争は、様々に語り継がれていきます。枝川においても、深川事件以前には、在日と日本人の関係は必ずしも良好ではなかったようです。ただ、戦前期に較べれば、「非国民」という言葉も死語になるなかで、在日朝鮮人と日本の底辺民衆がふれあう局面は、その困窮度の同質性ゆえに、格段に広がったのではないかと考えられます。その意味で占領期とは、民衆の両義性がはっきりした形で可視化された時代であったといえるかもしれません。

大串　たいへん重たい問題をありがとうございました。人びとが生きる「暮らし」そのものという問題と、戦争に関する考え方、とりわけアジアに対する考え方との関連ということですが、「戦争責任」という言い方にしても「加害（者）責任」という言い方にしても、「戦争責任」論や戦争認識には、いろいろなレベルがあります。一方では、とても抽象化された丸山眞男をはじめとする知識人の「戦争責任」論といったものがある一方で、人々の暮らしの中に内在する、あるいは沈潜している、ほぼ身体反射に等しいレベルでの戦争についての考え方といったものまであると思います。たとえば、現在は岩手県北上市にあるとある村の元助役の人ですが、「自分の家に博物館みたいな施設をつくって」、戦死した兵士の誕生日にずっと「お参り」をしている人がおります。* こうした人々の「戦争責任」についての意識をどう考えたら良いのか。そうした、さまざまな幅があるのでとても難しい。

一方で「騙された論」があるとか、「一億総懺悔」論への反発が強いとか、プランゲ文庫が使われるようになったことで、占領期における「戦争責任」論の大枠はだいたい分かってきているのではないかと思います。ただそれが「量」の問題になってきてしまって、「こんなにたくさん優れた議論があったのだけれども、どうしてなくなってしまったのか」とか、国民全体に広がらなかったのではないか、という議論になりがちなので、もっと踏み込んだ議論を作るためには占領期から一九五〇年頃まで幅をとりあえずは取って、民衆とつきあうかたちで思想を作ってきた人々の思想、「戦争責任」という言葉は必ずしも使っていないけれども、彼・彼女らの「戦争体験」論の中味を見ていく必要があるのではないかと思います。たとえば花森安治は「暮らしを守らなかったことが戦争の原因だ」という議論をしています。それは花森安治だけではありません。プランゲ文庫に『北総文化』という千葉県で発行されていた雑誌がありますが、詳しいことは分かりませんけれどもこの雑誌

＊大門正克『歴史への問い／現在への問い』校倉書房、二〇〇八年、二八一頁に記録された川島茂裕さんの発言。

で土肥茂躬という方が「軍財閥による独裁政治を可能ならしめ、それを維持させてきた基盤は……私共の日々の衣食住のいとなみの中にあった」と述べています。[*] 生活の中から、あるいは生活を見つめることと「戦争」、こうした視点はそれなりの広がりを持っていたのでしょう。

広島の山代巴の文化運動は、戦前の山代吉宗との出合い、また敗戦後尾道で文化運動をしていた中井正一とつきあいがあったということもあるでしょうけれども、「日常生活の中に人権の折り目をたたみこむ」という言葉がキーワードになっています。広島県福山の三六連隊は戦死者が多かっただけではなく、中国大陸で残虐なことをやった。それは、男性がやっただけではなく、「大和男児たれ」ということで福山の女性たちそのものが戦場の兵士の勇敢さを支えていたのではないかという中井の議論に衝撃を受けるなかから、山代巴さんの文化運動と戦争体験論はスタートしています。[**] 民衆の表現されたものだけをつかまえていくと、アジアに対する責任というと「量」の問題になってしまうので、もう少し中味に踏み込んでいくといろいろな議論ができるのではないかと思っています。

天野　大串さんのコメントについて、少しだけ補足させて下さい。『荷車の歌』の著者である山代巴さんは、戦後、広島の農村で女性のサークルづくりに影

＊大串「戦後の大衆文化」『日本の時代史』二一。

＊＊最近のものに馬場俊明『中井正一伝説』ポット出版、二〇〇九年。

響を与えた人ですが、彼女は思想的に中井正一の大きな影響のもとに、暮らしと戦争責任との関係について、こう語っています。* アジアの民衆を殺傷した日本人男性が内部に「抜けがけ根性」という病根を抱えている点では、日本の女性も同罪ではないのか、加害者ではないのか、と。村の最底辺で人間としての権利を奪われた女性の、ただ黙って耐えている生活こそが、男性の抜けがけ根性を鼓舞する役割を果たしてきたのだ、といいます。「かあちゃんのために、だれよりも早く手柄をあげよう」という……。

そうした被害と加害が重なり合って錯綜している関係を見すえながら、一つひとつの家庭の中から、そして日常の暮らしの内側から、「人権の折り目」をたたみこむような活動をしたいという願いが、山代巴さんの戦後の出発点となっていきます。**

少し時期がずれますが、一九七二年に詠まれた栗原貞子さんの詩「〈ヒロシマ〉というとき」は、広島や被爆体験をみるまなざしの「被害者」から「加害者」への移行を示す象徴的な作品です。*** 広島は、戦中、軍都として兵士や武器を送り出すアジア侵略の基地でした。戦場と化したアジアの国々からみれば、被爆者もまた日本帝国主義を支えた加害者に他ならない。また、加害者になることの怖さは、なによりも自分が被爆者であることに正面からむきあうことによってはじめて体験できるものです。「アジア」を通して、

*広島県における中井正一の農村文化運動については、久野収編『中井正一全集4 文化と集団の論理』美術出版社、一九八一年、山代巴『私の学んだこと』径書房、一九九〇年に詳しい。

**山代巴の戦後の活動については、前掲『私の学んだこと』や『岩でできた列島』径書房、一九九〇年が参考になる。

***栗原貞子『ヒロシマの原風景を抱いて』未来社、一九七五年。

日本の加害・被害をみようとするとき、複眼的な視点が求められます。

ところで、占領下の民衆生活史という点からいいますと、今日、あまり議論にならなかった「アメリカニゼーション」という主題があると思います。いま、私たち日本人は暮らしのあらゆる面で「アメリカ的なるもの」を生きています。それは、私たちの生活感情や感受性のかたちを深いところで規定しているわけです。

私の今日の報告では、キンゼイ・リポートや『夫婦生活』によるアメリカ型性生活、アメリカ的な子育て文化や育児書の内容などが、いかに日本人の身体に浸透して、新たな身体文化を創っていったのかについてふれました。言語一つをとっても、あの時代、かつては敵性語として禁止された英語をぺらぺらしゃべる人たちを、すごいなあと尊敬の念で見あげたでしょう。英語帝国主義の始まりは、おそらく占領期にありました。作家の富岡多恵子さんは、英語をぺらぺら喋りたいという願望、ぺらぺら喋らねばならぬという恐怖感があるかぎり、「まだ戦後である」といいます。*

もちろん、占領下の、有無をいわさぬ勢いのアメリカニゼーションに対して、一方でいったい何を守っていくかという動きも登場します。たとえば『暮しの手帖』の編集長・花森安治さん。** 『暮しの手帖』は、アメリカのものなら何でも美しい、素晴らしいという考え方に対する、オルタナティブな生

＊富岡多恵子の占領期の原体験をふまえた刺激的な英語論、ひいては日本語論については『「英会話」私情』日本ブリタニカ（のち集英社文庫）、一九八一年に詳しい。

＊＊花森安治の「暮らしの思想」については『一戋五厘の旗』暮しの手帖社、一九七一年がある。

活を創る「暮しの思想」の実践であったともいえるでしょう。

かつて「敵」国であったアメリカ文化を、私たちはなぜ、こんなにスムーズに全身で受容していったのか、アメリカニゼーションの明暗や両義性は何かなど、今一つ、大きな柱として総点検しなければならない時期にきているのではないでしょうか。政治や経済、外交の領域ではすでに行われていますが、暮らしや生活文化という点ではどうでしょうか。今日は会場で黙って聞いておられますが、歴博の安田常雄さんなどを中心に、是非、生活や風俗のなかのアメリカニゼーション、占領のなかのアメリカニゼーションというテーマでやっていただきたい、そう願っています。

浅井　今回の報告の準備をするなかで感じたことを一点申し上げたいと思います。請求権であるとか引揚者に対する補償といった問題について、政府は補償という言葉は使いません。また請求権もできる限り認めない。日韓条約では請求権が大きな争点になりましたけれども、請求権は相互に主張しないという形で条約を組み立てるわけです。政府は責任を認めないが、経済的には補償しましょうということです。責任は認めないという点では、一貫しているということを非常に強く感じました。引揚者などの日本人に対しても同様です。それと同じことになると思うのですが、庶民の目線といいますか、生活を守るという視点が政府の政策には見えてきません。この点が報告を準備していた過程で強く感じた点です。

つぎに、ご質問を読み上げさせていただきます。

「テレビを見ていると政治評論家たちは、明治維新、戦後と続き、今の政権交代は三番目の革命だというが、浅井先生はどう思われますか」というものです。

非常に大きな問題で、私ごとき者が答えて良い質問かどうかは分からないのですが、私は今日の報告の中で曖昧に両義的に革命について申し上げたと思うんですね。片方では革命的な変化が必要だということです。しかし革命的な変化によって犠牲になる人がいます。こういう両面を指摘しました。その両者の関係はどうなっているのかということだと思うのです。私は、やはり革命は、所有権に関わる変革だと思います。所有権を否定することは生活基盤を破壊するということになりますので、本当は好ましくないことだと思います。たとえばフランス革命に対する評価について、ちょうどフランス革命二〇〇年を迎えた頃に、フランス革命に対する従来の積極的評価から一八〇度転換して、フランス革命の残虐な面や、マイナス面を強調する否定的な見解がフランスにおいて主流になったことがありました。ちょうど冷戦の終結でソ連が崩壊していった時期と一致しているわけですが、革命に対するネガティブな評価がその時期に出てきました。それでいいのかというと、私はそうは思わないのです。あと知恵でいえば、革命は避けられたのではないかという議論になりますが、その時に革命にかかわった人びとにとって、ほかに選択肢がなかったということもあり得ると思っています。非常に硬直化してしまった社会は、革命でしか変えられない場合があるのではないか。好ましい社会というのは、身動きがとれなくなる前に柔軟に変化できる社会ではないかと思います。今の民主党の政策に賛同するかどうかは別として、政権交代で軌道修正ができるということは、犠牲が少ない形で、軌道修正して世の中を変えていくことができるという点で好ましいでしょう。

もうひとついただいた質問に、「財閥解体が行われたにもかかわらず、三井、住友などはなお超一等地の地主であるなど絶大な財力を保有しているのはなぜですか。そうなっていることの是非を、どうお考えですか」というものがありました。

財閥解体というのは、一言で言えば、オーナー会社のオーナー社長が追い出されたということだと思います。ですからそれまでの経営者が主役になったということで、「経営者革命」ということであろうと思います。持株会社がなくなったわけですが、今の三井不動産や三菱地所というのは、旧財閥本社の後継会社です。持株会社解体で、株式は全部、強制的に強制譲渡の対象となりましたので、株式はいっさいなくなり、残ったのは不動産だけということで、旧財閥本社は不動産会社になっていきます。ですから三井不動産、三菱地所という会社は残るわけです。そのため三菱地所が東京駅前の一等地をもっているということは今でもあるわけです。もうひとつは、財閥と系列は違います。財閥というのはあくまでも同族所有です。オーナー型です。それに対して戦後の企業集団、企業系列というのは、三井、三菱という名前は同じであっても、系列企業は同じでも中味は違います。オーナー社長を追い出すことによって戦後の企業が力を発揮できたというのは事実かと思います。ところが現在、企業集団はご承知のように崩壊しつつあるわけです。かつては考えられなかったような三井住友銀行というような名前の銀行ができています。財閥解体から半世紀あまりを経て企業集団は明らかに時代にそぐわなくなって崩れてきており、たぶん戻ることはないと考えられます。

原山　ありがとうございました。時間が一〇分オーバーなのですが、先ほど、天野さんからご指摘いただいたアメリカニゼーションという問題は、次回の大衆文化に関するフォーラムでのひとつの課題になるのであろうと思われます。本日、総合司会を務めておられる安田常雄さんが次回のホスト役ですので、そちらに議論を譲ることにさせていただきます。また、今日の議論のな

かで十分に消化できなかったことの中には、現代史を考える上での非常に大きな問題、それゆえに宿題にするほかない事柄も多くありました。そうした点につきましては、それぞれの先生方に持ち帰っていただくと同時に、本日ご来場いただいた皆様にも、それぞれの角度から、今後も思いを巡らせていただければと思います。

最後になりましたが、本館で来年三月に開室予定の第6展示室では、今日話題にのぼったこと、たとえば在日朝鮮人の問題、闇市、農地改革、食糧難、婦人参政権等々につきまして、断片が必ず展示の中に出てまいります。それぞれの資料をごらんいただくと同時に、今日のシンポジウムのように、来館いただいた皆様に展示室でいろいろと考えをめぐらせていただければと思っております。

目下、準備はラストスパートに入っている所です。本日ご来場の皆様には、三月以降、是非とも本館に足をお運びいただいて、戦時期、高度成長、大衆文化とともに、スペース的には限られていますが、占領期の展示にも足を止めていただければと思います。

以上をもちまして、本日のフォーラムは終わりにさせていただきます。どうもありがとうございました。

付録

歴博「現代」展示の見方・歩き方

原山浩介
横山學

1、食料難と農村

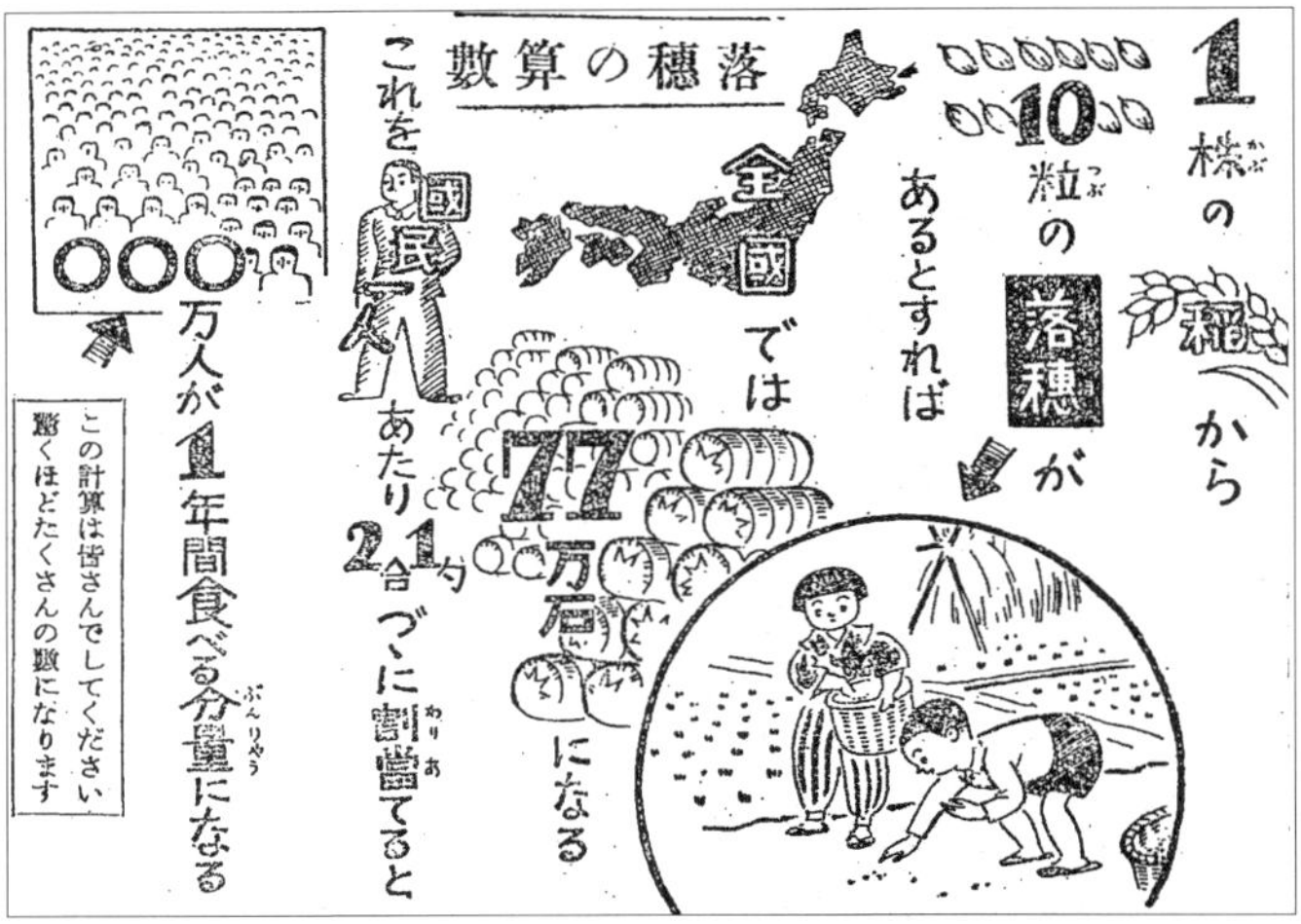

「落穂の算数」『家の光』第21巻第７号、1945年11月号掲載記事
（歴博所蔵）

戦時下の食料不足は、人びとに厳しい生活を強いていた。そのため農村では、より多くの食料を「供出」することが求められた。食料を増やすための方策は、いくつかあった。もっともわかりやすいのは、それぞれの農家に供出を割り当てるという考え方である。そのために用いられたのが「リンク制」という仕組みで、早い話が、割り当てを達成した農家にご褒美を与えようというものであった。サツマイモを例に取ると、割り当て量を供出した農家には「甘藷供出報奨用物資購入切符」が交付される。この切符を使うことで、生産資材や、酒・たばこといった嗜好品などを一般家庭よりも多く買うことが出来た。

このほかにも、国内で開拓を進めて増産をしようという、いわゆる「戦後開拓」や、農産物の出荷を渋る農家に占領軍のジープがやってきて供出を迫る「ジープ供出」など、様々なやり方があった。

それと同時に、農村において食料の無駄を出さないように呼びかける動きもあった。例えば、ここに示した農家向けの雑誌『家の光』には、「落穂の算数」と題した絵解きが掲載された。実った稲から少しずつ落ちる「落穂」を日本中から全て集めると、驚くほど多くの人びとの食をまかなうことができるという、正しくはあるがいささか切ない計算である。

なお、この絵解きでは、何人分の食料になるかを自分で計算せよとある。七七万石を前提としたとき、答えはおよそ一〇〇万人分の一年間の食料ということになる。

（原山浩介）

農地委員選挙のしくみを解説するポスター（歴博所蔵）

2、全国農地委員選挙ポスター

これは、一九四六年（昭和二一）に実施された農地委員選挙のポスターである。戦後改革の一環として、農地の所有制度を見直す「農地改革」が、一九四七年（昭和二二）から一九五〇年（昭和二五）にかけて実施された。その際の農地の配分方法を決めるため、各市町村に、農地委員会が設置された。農地委員会そのものは、一九三八年（昭和一三）から存在していたが、農地改革に際しては委員の選挙が行われることとなった。このポスターは、その選挙の啓蒙ポスターである。

これを見ると、選挙がどのような手順で実施されたのかがよくわかる。農家は、小作・自作・地主の三グループに分けられ、それぞれのグループから代表者が選出された。また、選出される農地委員の半数を小作が占めるものとされていた。こうしてそれぞれの市町村で農地委員会が構成され、農地の配分方法が決められていった。

この農地改革では、地主が所有する農地のうち一定面積以上を国が安く買い上げ、小作人に売り渡した。この結果、一九四五年（昭和二〇）に約四六％あった農地全体に占める小作地の割合は、一九五〇年には約一〇％にまで減少した。こうして、戦後の農業は、自作農を中心に担われていくことになった。

（原山浩介）

▼闇市の造作

終戦後、日本各地に「闇市《やみいち》」が立ち並んだ。経済統制を逸脱した「闇取引」が多く行われていたため、その名がある。もっとも、闇取引自体は、あらゆる経済統制が半ば必然的に伴ってしまうものでもあり、日本でも、すでに戦中から存在していた。ただ、おおっぴらに市場を構えるような売り方は、終戦後に特有のものだった。

歴博に並ぶ闇市の造作は、それぞれ当時の写真をモデルにしている。ここではそれぞれの店の背景を紹介する。

なお、造作の傍らには、闇市時代の手記を収めたタッチパネルがある（写真右端の手すり部分）。闇市時代を人びとがどう生きたのか、その一端をうかがい知ることが出来る。

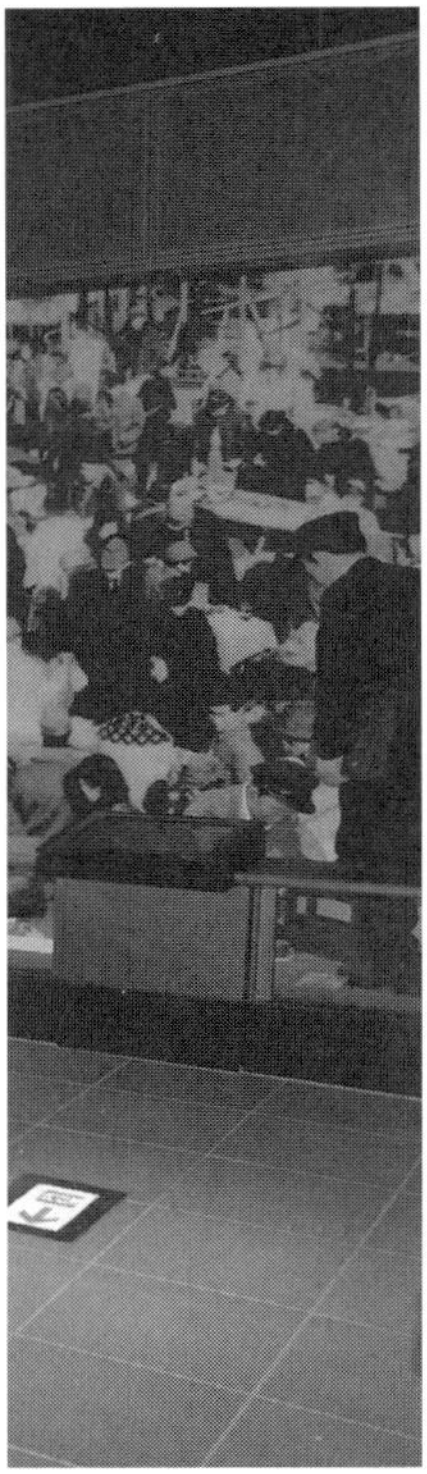

闇市の再現全景（歴博所蔵）

3—情景① 代用うどんを売るバラック

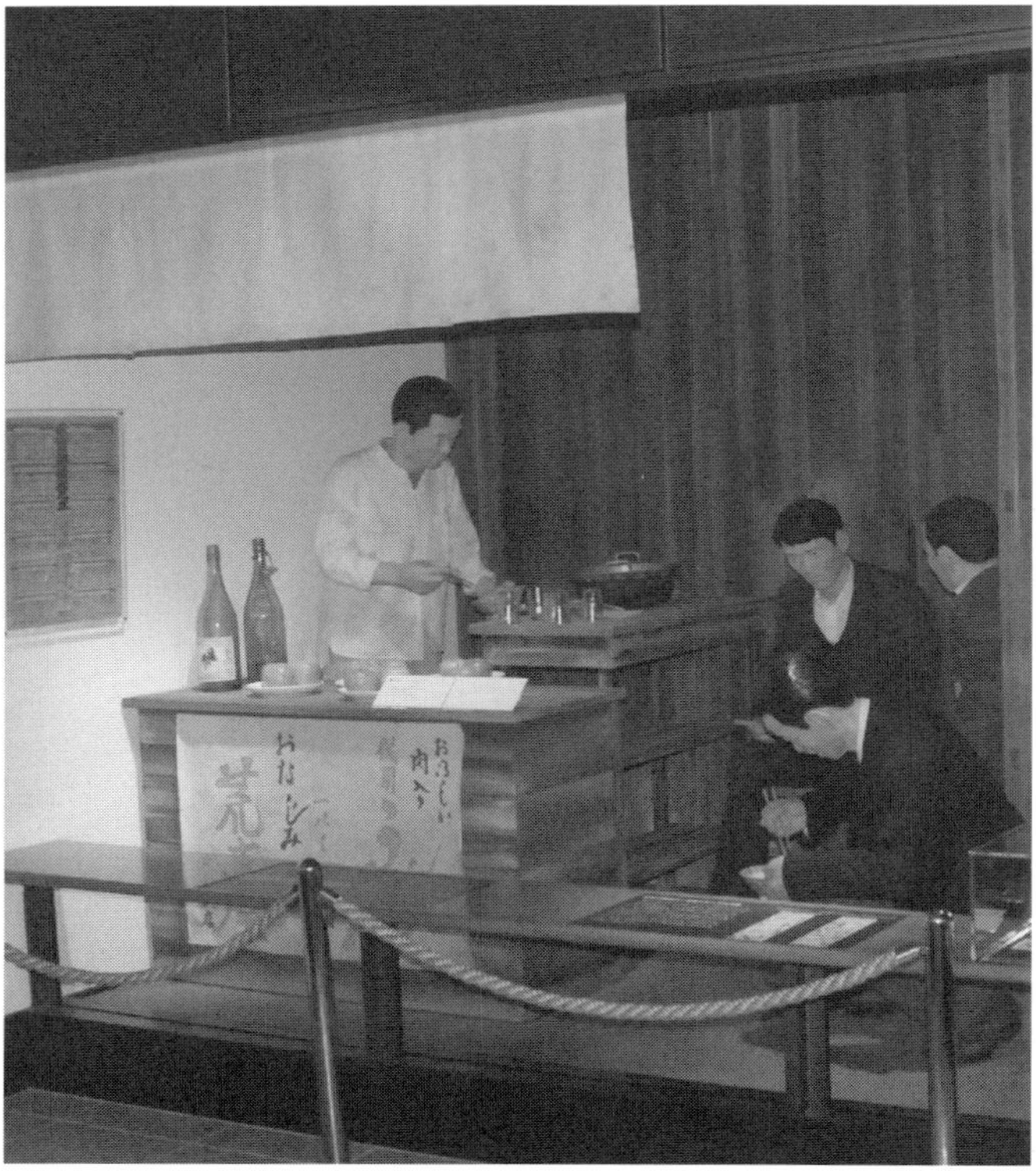

バラックの飲食店。手前に「肉入り代用うどん」の貼り紙がある
（歴博所蔵）

これは一九四六年（昭和二一）九月に浅草で撮影された「代用うどん」を供する店の写真をもとにしている。「代用うどん」とは、文字通り、うどん粉を原料とはせず、何か別のものでうどん風に作られたものを指している。さすがに写真から、その中身まではわからないが、うどんと称してトウモロコシの粉が使われていたとか、なかにはトコロテンが入っていたといった話が残っている。また、うどんとはいいながらも、麺がわずかしか入っていないものもあったといわれ、三本しか入っていないから「三味線」と呼んだという話もある。なお、この店で売られているうどんは「肉入り」とされているが、果たして何の肉が入っていたのか、想像は膨らむ。

ところで、台の上に並んでいるリンゴにも注目していただきたい。製作にあたり、実際に農家から、色づきが悪く出荷できないものを送ってもらい、それを参考に着色したものである（本書口絵も参照）。案外、きれいなリンゴと思われるだろうが、実はリンゴは少々の傷が入っただけでも腐りが進むため、長い時間をかけて長距離輸送に耐えたものは、きれいなものが多かったといわれている。

（原山浩介）

3—情景② 野菜を売る露店

労働組合員とおぼしき男性が野菜を売っている（歴博所蔵）

一九四六年（昭和二一）二月に奈良市で撮影された写真がもとになっている。腕の腕章には、「ＭＡＩＬ」の文字が入っている。じつはこの露店は、場所が郵便局のすぐ近くで、郵便局員の労働組合の資金稼ぎのために開かれたものとされている。労働運動が活気づき、かつ生活必需物資の流通がうまくいっていないなかで出現した、この時代特有の姿である。

ここで売られている野菜がどこで収穫され、奈良まで運ばれてきたのかは定かではない。ただ、聞き取り調査によると、生活費を稼ぐために、都市部から農村部へ食料の買い出しに出かけていた人びとが多くいたことがわかっている。しかもそうした仕事をしていた人びとのなかには、子どもを抱えて生活費に窮していた人や、仕事が見つからない若者も含まれていた。また、買い出した食料は、闇市に卸されるものばかりではなく、隣近所など身近なところで売り尽くされることもあったようである。

このように、特に食料品を扱う闇市には、当時の都市社会の生活模様が様ざまに刻印されていた。

（原山浩介）

仏像、人形、とっくり、茶わんから雑誌やレコードまで家の中にあったとおぼしき品々が並ぶ（歴博所蔵）

この露店のもとになった写真は、一九四五年（昭和二〇）九月に撮影されたとされているが、場所は不明である。一面の焼け野原が広がるなかでポツンと店を構えていることから、終戦直後であること、また、都市部であることは間違いないようである。

この「店」は、風呂敷の上に雑多なものが並び、何屋さんともつかない。察するところ、とにかく家にあったものを持ち出して、少しでも生活の糧《かて》を得ようという目論見《もくろみ》なのだろう。横で物珍しげに「商品」を手に取る占領軍の兵士も、写真からの再現である。

じつは、こうした商売を考える者は少なくなかったようだ。たとえば大阪のある古本屋は、そもそもは闇市で、身近にある本を売ったのが商売の始まりだったといい、後にきちんとした店を持つようになったのだという。あるいは、市街での物々交換が発展して、闇市街になったところもある。いずれにせよ、とにかくお金になるものを身の回りから探し出し、商売にしてしまおうという、たくましくもあり、そして切ない生活模様がここに凝縮されている。

（原山浩介）

タバコを売る老婆（歴博所蔵）

タバコは一九四四年（昭和一九）から配給制になっていた。終戦後にはその配給も減少し、一日三本になった時期もあった。このタバコ不足の折、闇タバコ売りが街頭に現れた。売られているタバコのなかには、製品の横流しもあったが、道ばたに落ちている吸い殻から残った葉を取り出し、それを集めて紙に巻き直し、ピースやコロナなどの空き箱に詰めて売られているものもあった。

吸い殻が闇タバコになるまでの過程に、複数の人が関与するケースもあった。東京の上野署の刑事のメモ書きを元にしたまとめによると、それぞれの収入は次のような具合だった。

○吹落し煙草を街から街へと拾集する専門業者は二五〇円～三〇〇円程度
○吹落し煙草を購入再生するもの　二〇〇円位
○拾集販売するもの　三〇〇円位
○ピース、コロナの空箱拾集販売（空箱一ヶ二円）　二〇〇円位
（塩満一『アメ横三五年の激史』東京稿房出版、一九八二年、一二五～六頁）

なお、同書には、タバコ売りの「特異なる存在として商用その他で旅行中のものが、不幸にして金品の盗難にあい其の為帰宅できず其の簡易さと資本の点に着意して旅費調達の目的で二、三日間これをなしている事例あり」とある。タバコ売りのなかに、闇市時代の盛り場の模様を読み取ることができる。

（原山浩介）

3—情景⑤　靴磨きをする少年

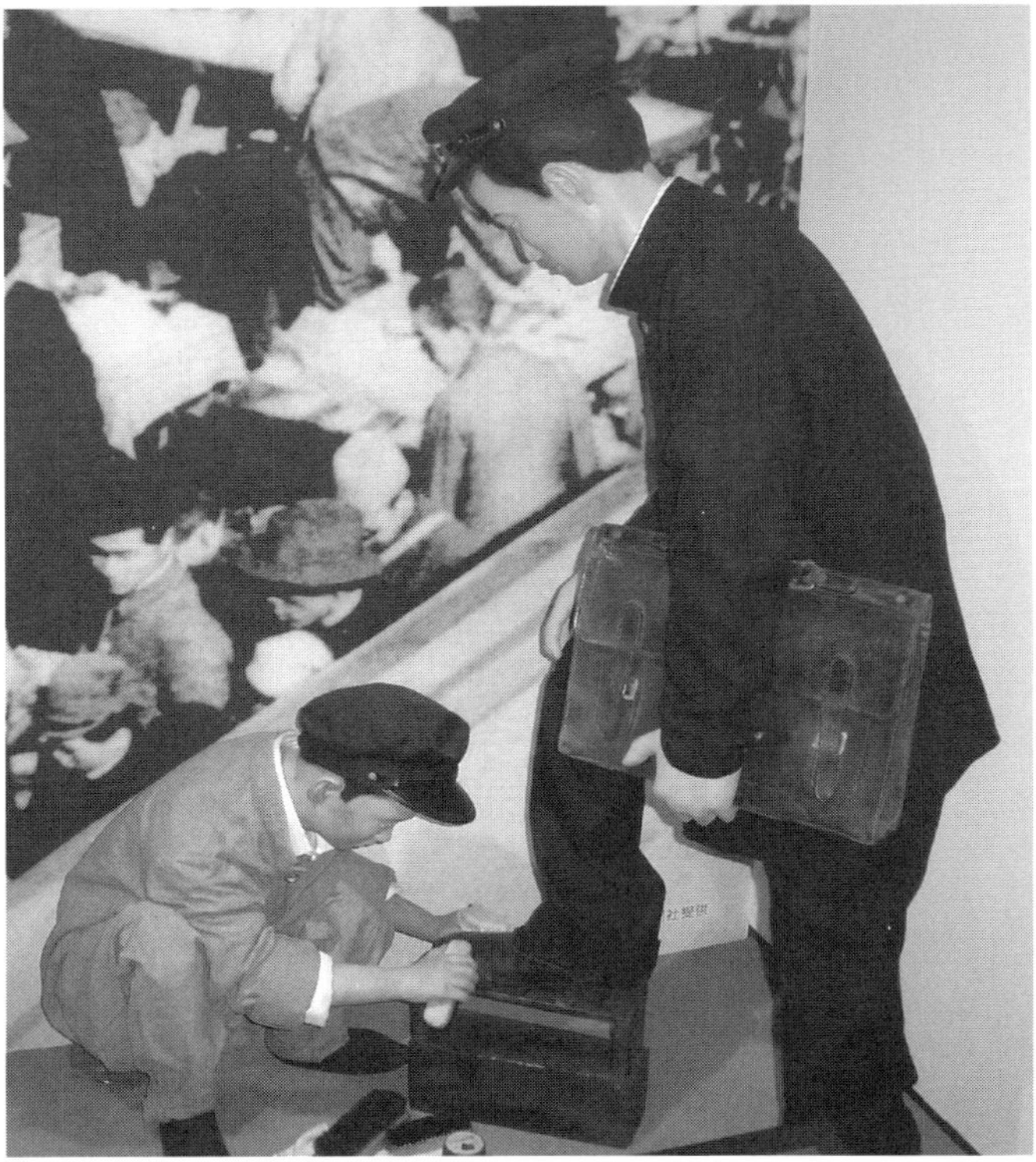

靴磨きの少年（歴博所蔵）

これは、一九四七年（昭和二二）に東京で撮影された写真がもとになっている。写真を見ると、靴磨きをする少年たちは一様に帽子をかぶっているものの、野球帽や頭巾《ずきん》をかぶっている者もおり、服装もまちまちである。残念ながらスペースの都合で一人の少年しか作ることができなかった。何人か並ぶと、当時の様子がもう少しわかるかもしれない。

靴磨きは、道具さえあれば始められる。それほど場所を取るわけではなく、雨天休業ということにすれば屋根すらいらない。それゆえ、少ない資金で始められるため、子供にも手が出しやすい商売だったといえる。

もっとも少年の靴磨きは、それぞれが勝手に店開きをしたというわけではなく、特に都心部では、それぞれの場所に親玉がいたり、あるいは営業をする仲間に入れてもらう必要があったようである。また、働いている子どもたちの中には、親を失った者はもちろんのこと、家計を支えるために働き、家にお金を入れていた者もいるなど、切実な事情をもつ者が多かった。

（原山浩介）

3―情景⑥　占領軍が撮影した闇市

占領軍が撮影した闇市の様子。道路脇に並ぶ露店（上）と果物や缶詰が並ぶ店先（下）（The U. S. National Archives and Records Administration 所蔵）

占領期の日本を映した映像は、きわめて少ない。まとまっているものとしては、日本映画社製作の『日本ニュース』と、占領軍が撮影した映像がある。

『日本ニュース』は、戦時期から占領期にわたって制作され続けた。占領期の日本社会の様子を知る上では非常に優れた映像群であるのだが、権利上の問題から、残念ながら博物館での使用や個人での視聴にはなじまないほどの高額な費用がかかるため、歴博でもほとんど使用していない。

これに対して、占領軍、特にアメリカ軍が撮影した映像は、かなり自由に、しかも無償で使うことができる。アメリカの公文書館に所蔵されているそれら映像は、量が膨大であり、撮影対象も、被災地の様子、被爆者の身体から、街の様子、農村風景、結婚式や祭りなどの模様など、じつに多様である。その全体像は未だもってわからないが、一部はメリーランドの国立公文書館で開架になっており、それだけでもかなりの本数がある。そのなかには、当時としては貴重なカラーフィルムによって撮影されたものも多く、日本のテレビ番組でも、占領軍が撮影した映像がしばしば用いられている。

展示室の闇市のコーナーでは、この占領軍が撮影した映像を放映している。占領期においては最も力を持っていた占領軍が撮影していること、映像撮影が珍しかったこともあり、カメラを意識したいささかぎこちない様子の人もいる。アメリカ軍兵士がカメラを構えている状況と、そして当時の街の様子を想像しながら、この映像を見ていただきたい。（原山浩介）

警察の機関誌に掲載された四コマ漫画（大阪府警察部機関誌『あをぞら』所収。左は1946年10月20日付、右は1947年２月25日付）（プランケ文庫・国立国会図書館所蔵）

これら二つの漫画は、いずれも食料の不足を題材にしたものである。

左の作品は、警察官が露店営業者に対して、価格表示をしていないことを注意している。この頃、食料品など生活必需品の多くに「公定価格」が設定されていたが、物資の絶対量の不足や流通の不備などから、これを無視して公定価格よりも高い「闇価格」で販売されるケースが後を絶たなかった。売り主は、まさか闇価格を表示するわけにもいかず、価格表示をせずに販売することが多かった、警察官は、闇価格による販売ではないかと疑い、露天商に注意した。売り主は警察の手前、公定価格を表示するが、現実には公定価格で販売する店などほとんどないため、途端に客が殺到するというのが、この漫画のオチである。

もう一方の作品は、警察官が家に帰り、食卓に並んだ夕食を前に、妻が闇物資を買ったことをしかっている。しかし実際には配給は十分ではなく、闇物資を買わないと貧相な食事にならざるを得ない。警察官の世間知らずが露呈するストーリーである。

いずれの漫画も、大阪府警察部の機関誌に掲載されたものであるところが興味深い。闇取引を取り締まる立場にある警察官が、現実には闇なくして商品の取引や生活が成立し得ないことを皮肉った漫画を見て、何を思ったのだろうか。

（原山浩介）

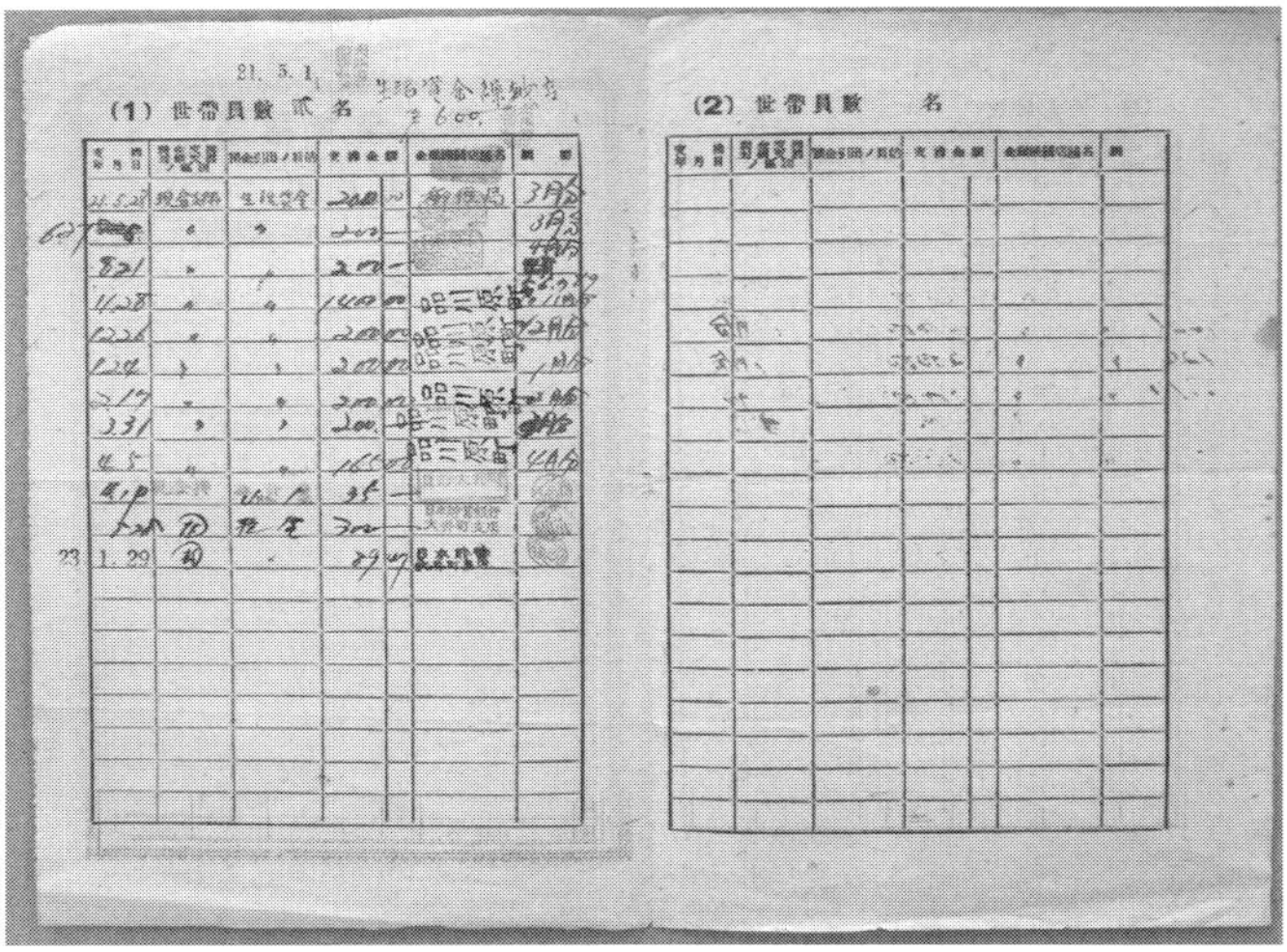

個人金融通帳（上）／新拾圓札（下）（歴博所蔵）

一九四六年（昭和二一）二月一六日、ラジオで預金の封鎖が発表され、一八日に実施された。これは、「金融緊急措置令」に基づくもので、これにより、銀行などからの預貯金引き出しは不可能になり、また使われている紙幣も三月二日限りで無効になるというものだった。無効になる「旧円」は、銀行などに預けるか、「新円」と交換せねばならならず、また交換はひとりあたり一〇〇円を限度とされ、残りは「封鎖預金」として銀行に預けることとされた。この施策は、市中に流通する通貨をできるだけ銀行などに吸収し、インフレを抑制しようとするものだった。

預金封鎖実施後は、銀行からの引き出しも制限された。世帯主は三〇〇円、その他に家族一人当たり一〇〇円までの引き出しが許された。人びとは、銀行などの通帳とは別に、「個人金融通帳」を持って窓口に行き、限度額以内であることの確認を受けつつ、現金を引き出した。

この時の新円への切り替えで発行された一〇円紙幣をめぐっては、今でいうところの都市伝説がささやかれた。いわく、全体の図案が「米国」に見える、国会議事堂が煙に包まれている、右側の四角は鎖によって囲まれている、といったもので、いずれも、日本に対するアメリカの支配が、紙幣の図柄のなかに描き込まれた、という話であった。苦しい生活とアメリカの支配が重なるなかで流行したうわさ話であった。

（原山浩介）

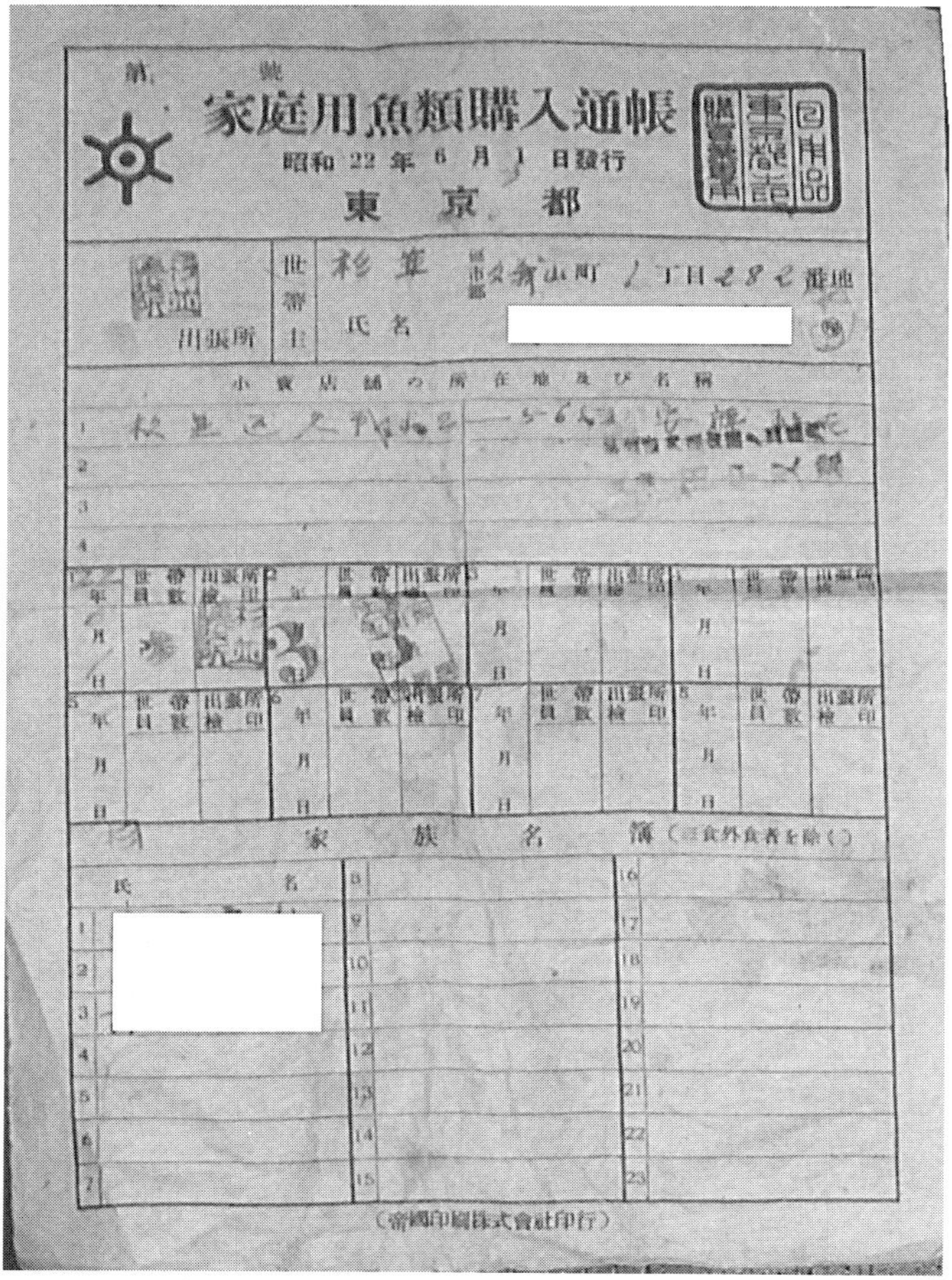

第　號

家庭用魚類購入通帳

昭和22年6月1日發行

東京都

出張所

世帯主　杉並　区市郡　山町1丁目282番地

氏名　[redacted]

小賣店舗の所在地及び名稱

家族名簿（三食外食者を除く）

氏名

[redacted]

（帝國印刷株式會社印行）

魚の購入通帳（歴博所蔵）

物資の配給は、すでに一九三七年（昭和一二）から始まっていた。衣料品から始まった統制は、次第にその範囲を拡大していき、食料やタバコなど、様ざまな物資について、購入量や価格が制限されていった。戦時下の統制には、総力戦を遂行するために物資を有効利用しようという意図と、物資不足への対応という二つの要素が介在していた。ところが戦況が悪化し、不足が著しくなるのに伴い、不足への対応のなかでの流通調整という意味合いが強くなっていた。

そして戦後になると、物資不足への対応ばかりでなく、インフレ抑制が統制の大きな目的になる。ただ、闇市の発生に見られるように、統制は破綻の兆しを見せており、一九四五年末には、政府内部にも、いっそのこと統制を撤廃すべきだとの議論が出ていた。しかしながら、ＧＨＱからの強い要請もあり、統制撤廃の機運は急速にしぼんだ。その背景には、同年の世界的な凶作と、物不足と闇価格に起因する悪性インフレの発生があり、これへの対応として、統制違反への取締はむしろ強化され、闇市閉鎖などの方針が出された。

ここにあるような配給切符の類も、そうした状況の中で、戦争終結後もしばらくは生き残り続けることになった。

（原山浩介）

婦人参政権啓蒙ポスター「婦人の皆様へ」（歴博所蔵）

一九四六年（昭和二一）に実施された衆議院総選挙では、女性に参政権が付与された。文部省は、女性に投票を呼びかけるポスターを作成するなど、啓蒙につとめた。「婦人の皆様へ」と題されたこのポスターの呼びかけ文は、小説家の久米正雄によるものである。

婦人の政治参加を求める運動は戦前より続いていた。単に女性に参政権が与えられていないというのみならず、そもそも女性が政治を議論することそのものが禁じられていた。というのも、一九〇〇年（明治三三）に制定された治安警察法第五条では、女性の政治集会での演説や傍聴までもが禁じられており、婦人参政権獲得のための後援会に女性が参加することすらできなかった。さすがにこの条項は、一九二二年（大正一一）の法改正で撤廃されたとものの、一九二五年に制定された普通選挙法においても、女性には依然として選挙権が付与されないままであった。

さて、初めて婦人に参政権が与えられた国政選挙、一九四六年四月一〇日の第二二回衆議院総選挙では、珍しさもあってか、三九名の女性が当選を果たした。しかしながら、衆議院に関していえば、その後しばらくは女性議員の数が減少する傾向があり、特に一九五〇年代以降は一〇人前後での推移が続いた。議員定数に変動があるので単純な比較はできないものの、衆議院の当選者数でみると、一九四六年の女性当選者数を初めて上回ったのは、約六〇年後の二〇〇五年（平成一七）の第四四回衆議院総選挙（四三名）であった。（原山浩介）

再刊された婦人向け雑誌（歴博所蔵）

戦後になると、様ざまな出版物が発行されるようになった。それらは、戦後になって創刊された雑誌や、戦時に休刊していた雑誌の再刊も多く、政治性の高いもの、学術誌から、猥雑な内容を含むカストリ雑誌に至るまで、じつに様ざまだった。

そうしたなかに、婦人向けの出版物も多く含まれていた。その中には、民主化が進み、法的には男女同権が認められるという大きな変化のなかで、新時代をどう生きるのか、その手引きを示そうとするものが多かった。

その一方で、『婦人之友』のように、戦時を挟んで発行され続けた雑誌もあった。そこには、物資や燃料が不足する中で、それに対応した生活の知恵を紹介する記事も含まれていた。おもしろいことに、そのうちいくつかは、戦時中に、決戦下の生活を乗り切るための知恵として掲載された内容の焼き直しであった。民主化や男女同権といった一見するところ華々しい変化の裏では、戦時中と変わらない、むしろ一面では戦時よりもさらに窮屈な生活を強いられていた。

（原山浩介）

9、電気パン焼き器

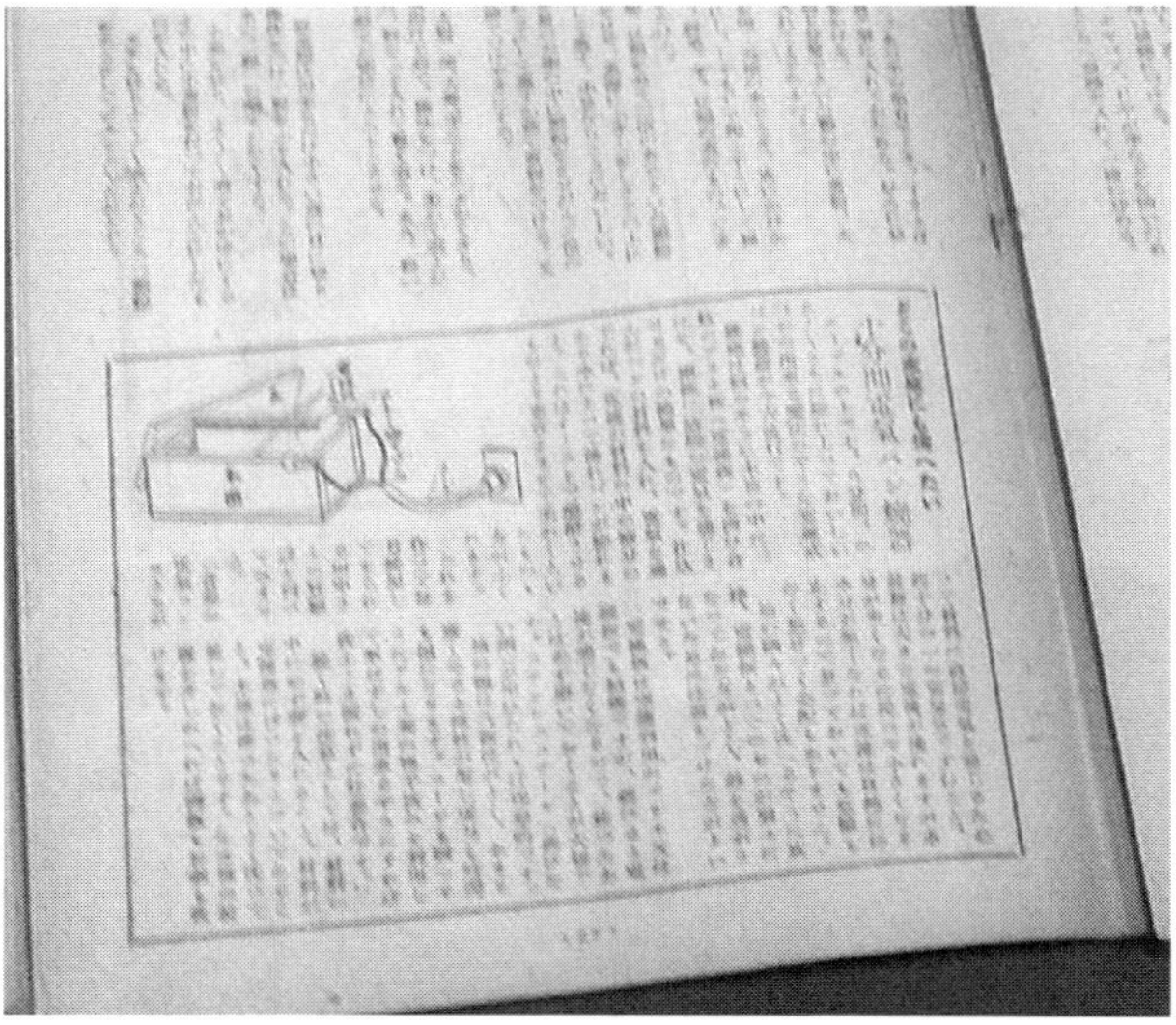

電気パン焼き器（上）と『婦人之友』に掲載された使い方の記事（下）
（歴博所蔵）

この木でできた箱のようなものは、電気パン焼き器である。十分に燃料が手に入らず、しかも配給される穀類に米ではなくトウモロコシの粉などが混じるようになるといった状況のなかで登場したものである。

木の箱の内側には電極があり、箱の中にパンの材料を流し込み、直接電気を流して発熱させる。『婦人之友』に掲載された説明には、「普通の電気コンロとちがって材料に直接電気を通じるため約十分の一の電気量ですむこと、最初は大きな電流が流れますが水分が少なくなるに従って小さくなり、水分が無くなれば自然に停止するので放っておいても危険もなく焦げつく心配もありません」と、いささか乱暴なことが書いてある。

オープンに先立って当時を知る方々にご覧頂いたところ、「ドロドロとしたものができるだけでうまくいかなかった」とおっしゃる方がいる一方、「案外上手にできた」とおっしゃる方もいた。使い勝手はともかく、それなりに使われていたようである。ちなみに展示前に博物館で実験するのは、危険が伴うため、残念ながら控えざるを得なかった。（原山浩介）

主婦連合会のおしゃもじ型プラカード（歴博所蔵）

10、主婦連「おしゃもじ」プラカード

一九四八年（昭和二三）に、東京で「主婦連合会」が結成された。後に消費者運動を担う代表格となるこの団体は、そもそもは「火の着かない配給マッチ」のような粗悪品の追放や、生活を苦しめる物価上昇の抑制を訴えるところから動き出した。このような運動は、インフレに頭を悩ませる当時の政府やＧＨＱにとってもありがたい存在だったようで、おおむね行政も協力的であった。

この団体では、一九五一年（昭和二六）から、デモ行進などの際に、「おしゃもじ」型のプラカードを用いるようになった。写真にあるように、大きなおしゃもじを紙でくるんで、そこに要求やデモのスローガンを書き込んだ。

主婦連合会が取り組んだテーマは、物価の引き下げや粗悪品の追放など、「台所からの要求」に根ざしたものが多い。「おしゃもじ」は、まさにその台所を象徴するものだった。

非常に印象的なこの「おしゃもじ」のイコンは、消費者運動の影響力が増すにつれて、広く定着していった。それゆえ、特に高度経済成長期には、主婦連合会を中心とする動きが「おしゃもじ型消費者運動」と称されることがあった。

（原山浩介）

11、白頭学院「幻のフィルム」

①

②

③

④

白頭学院「幻のフィルム」から

①登校する子どもたち（阪和線杉本町駅）

②建国学校は1946年４月､「建国高等女学校」と「建国工業学校」として開校した。

③ハングルを使った授業風景。

④運動場の整備をする子どもたち。

⑤

⑥

⑤大阪朝鮮中学校との合同体育祭。ここには映っていないが､「朝中」のゼッケンを付けた生徒の姿もある。

⑥1947年8月15日に開催された「解放記念人民大会」の会場付近の様子。

⑦「解放記念人民大会」が開かれた大阪市の中之島公会堂。

⑧パレードの後で万歳をする姿。この時、朝鮮半島はまだ南北に分断されておらず、いくつかの在日朝鮮人団体に所属する人びとが一堂に会していた。

（①〜⑤はすべて白頭学院建国学校提供）

⑦

⑧

このフィルムは、二〇〇五年（平成一七）に、大阪の白頭学院で発見されたものである。この学校は、朝鮮出身者の子弟の教育を目的として、一九四六年（昭和二一）に設立された。一九四八年になると、朝鮮人学校が文部省の指示で閉鎖されるなど、弾圧を被るようになった。そうしたなかでこの学校は、学校基本法に基づく白頭学院建国学校、つまりは私立学校の一つという形態を採った。今日でも、学校法人建国幼稚園・小学校・中学校・高等学校として存在し続けている。

展示室では、主に一九四六年から一九四七年ごろの映像を放映している。そもそもこの時期の映像そのものが少ない上、朝鮮半島が一九四八年に南北に分断される以前の在日朝鮮人の様子が収められており、貴重なフィルムである。なかでも、次の二つのシーンは注目に値する。

ひとつは、一九四六年の大阪朝鮮中学校との合同体育祭の映像である（写真⑤）。現在、白頭学院は民団（在日本大韓民国民団）や韓国との結びつきが強く、一方、大阪朝鮮中学校は、後に樹立される北朝鮮に近い朝連（在日本朝鮮人連盟）系の学校であった。この両者が合同で体育祭を実施し、ひとつのグラウンドに「建中」と「朝中」という二つのゼッケンが踊っている。こうした合同の体育祭は、南北分断後もしばらくは続くとはいえ、太極旗がはためく競技場で両校が顔を合わせている光景は、分断以前を象徴するものといえる。

もうひとつは、大阪市の中之島中央公会堂で催された、一九四七年八月一五日の「解放記念人民大会」である。ここに集まっている在日朝鮮人たちは、翌年の南北分断、そしてその後の朝鮮戦争へと続く過程で、対立する異なる在日団体に分かれて帰属していくことになる。しかしここでは、そのような行く末を想像すらしない彼らが、解放の喜びと未来への希望に満ちあふれた表情でパレードをしている（写真⑥〜⑧）。

在日朝鮮人について考えるとき、一般的には韓国と北朝鮮という二つの国が存在し、両国と関係の深い団体がある、ということをはじめから前提にしてしまうことが多い。そうしたなかで、このフィルムは、これまで見落とされがちだった、分断前の状況に立ち返りつつ、新たな角度から歴史的経緯を考えるきっかけを与えてくれる。

（原山浩介）

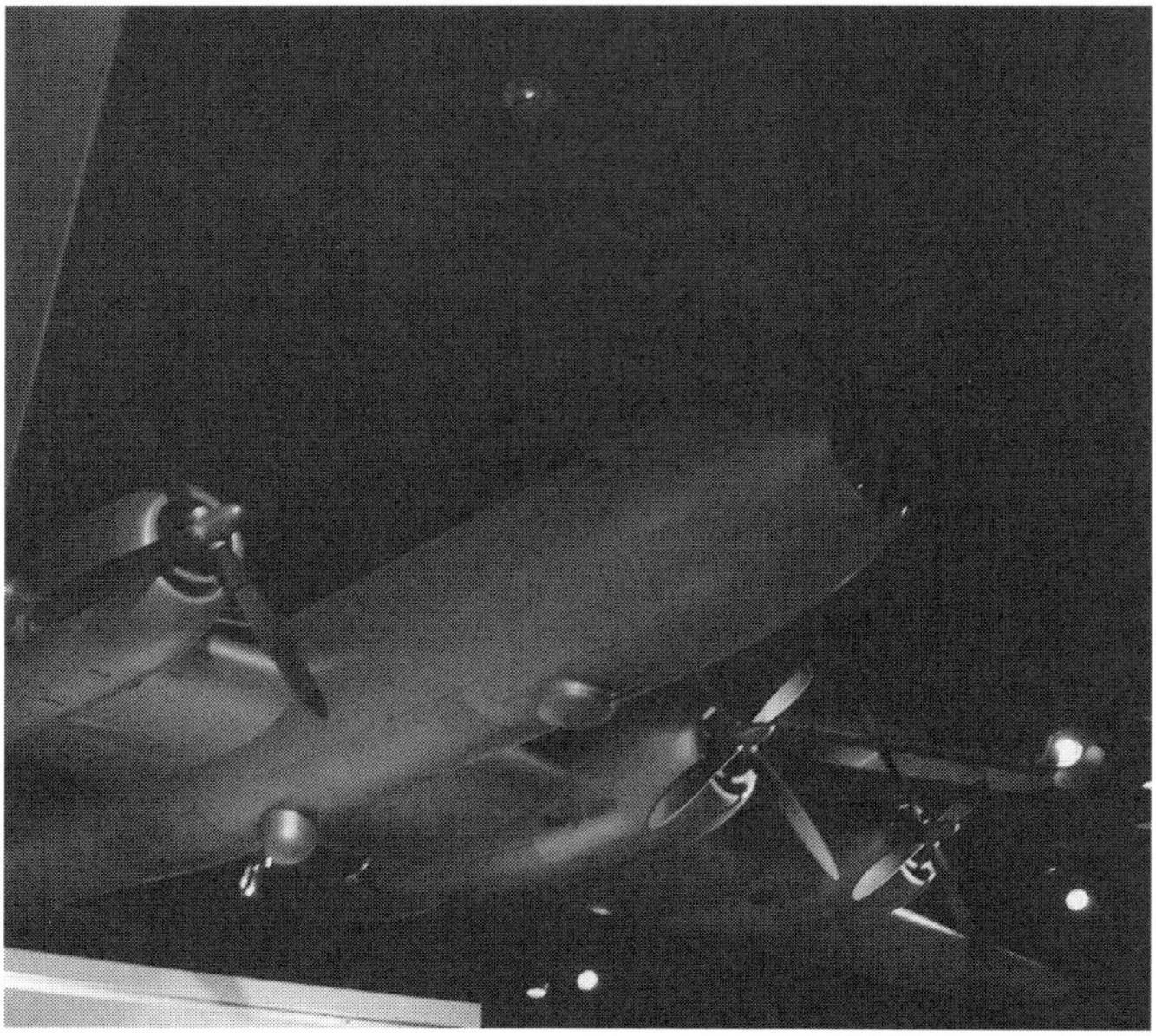

展示室の頭上に見上げるB29の模型（歴博所蔵）

占領期のコーナーの頭上には、アメリカの爆撃機であるＢ29の模型がある。日本軍と戦い、日本各地を空襲していたこの飛行機が、戦争が終わったはずのこの場所にあることに、疑問を持つ方もいるかもしれない。

ここにＢ29を配置したねらいは二つある。

まず一つは、そもそも戦時下においては、上空を飛ぶＢ29をぼんやりと見上げるチャンスは、基本的にはあり得なかったということがある。言うまでもなく、戦時下でこの機影を見た人びとは、通常は身を守るために、逃げるなり隠れるなりせねばならない。人びとがＢ29をじっくりと眺めることができたのは、実は戦争が終わってからである。しかも、低空で飛ぶＢ29はとても大きく見えたとの証言も残っている。おそらく、占領軍を象徴するこのアメリカの飛行機は、現実の大きさ以上に大きく見え、人びとを威圧したのだろう。

もうひとつ、展示室でこの飛行機の向いている方向に意味がある。というのも、機首の先には、戦後の大衆文化を扱ったコーナーがある。戦後の日本社会は、政治・経済・文化など様々な面で、多分にアメリカに影響を受けた。戦後を規定した「外国」の象徴としての意味が、このＢ29に込められている。

（原山浩介）

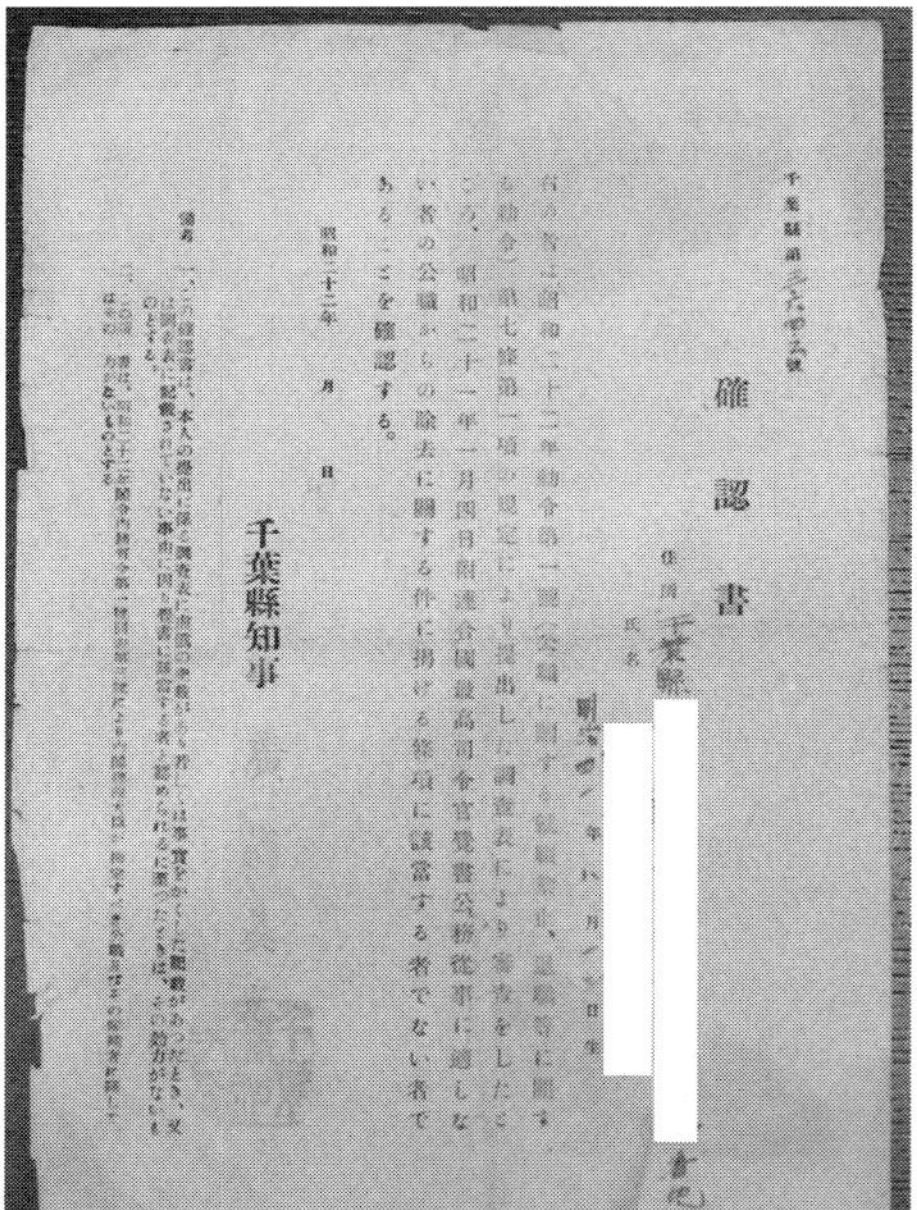

確認書

住所　千葉縣
氏名

右の者は昭和二十二年勅令第一号（公職に関する就職禁止、退職等に関する勅令）第七條第一項の規定により提出した調査表により審査をしたところ、昭和二十一年一月四日附連合國最高司令官覺書公務從事に適しない者の公職からの除去に關する件に掲げる條項に該當する者でない者であることを確認する。

昭和二十二年　月　日

千葉縣知事

公職追放者の名簿（上）と追放の該当者ではないことを示す「確認書」（下）（歴博所蔵）

一九四六年（昭和二一）から、公職追放が始まった。ここにあるのは、その対象者の名簿である。公職からの追放の対象は、当初は軍国主義者や極端な国家主義者とされていたが、一九四七年にその範囲は広げられ、財界人や報道機関などの役員、さらには市町村長にまで広がっていった。七八一ページにも及ぶこの名簿には、約二万人の追放対象者の氏名がびっちりと列挙されている。

なお、ここでの公職とは、官職のみならず、影響力のある政党や企業、報道機関の役職を意味している。追放された人びとは、職を追われるのはもちろんのこと、選挙に出馬することも出来なかった。したがって、選挙に立候補しようという人については、公職追放の対象者になっているかどうかの確認が行われた。ここに示している「確認書」は、立候補者が追放の対象に「該当する者でない」ことを確認するものである。

なおこの公職追放は、一九五〇年に始まったレッド・パージ（共産主義者の追放）とさしかわるかのように、徐々に解除されていった。

（原山浩介）

14、警察予備隊パンフレット

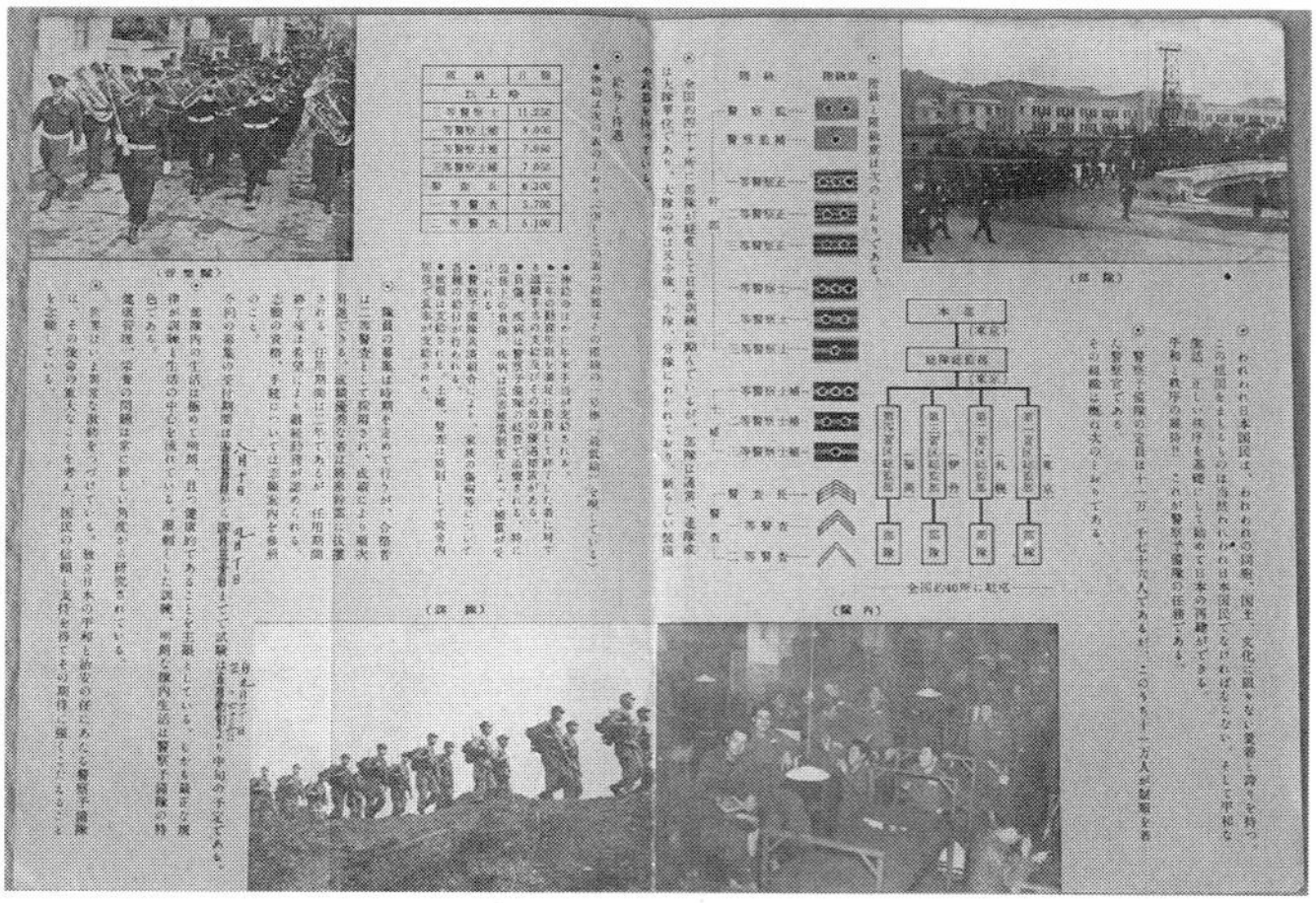

警察予備隊募集のパンフレット表紙と記事（歴博所蔵）

一九五〇年（昭和二五）に警察予備隊が組織された。これが後に、保安隊、さらには自衛隊へと展開していく。この一連の流れは「再軍備」ともいわれ、それまでの「戦争の放棄」とは逆の動きであるとの議論も起こった。ただ、実際に警察予備隊に入隊した人びとのなかには、通常の警察と間違えて入隊した者までいるなど、周囲で起こっている議論とは少し違った次元で動いていた人びとも多かった。

この警察予備隊を扱ったニュース映画のなかに、印象的な一コマがある。入隊試験を受ける若者と面接官との次のやりとりである。

面接官「政治問題などは関心は持ってますか？」
受験者「全然、持ってません」
面接官「関心は持たない？」
受験者「ええ」
面接官「そうですかな？」
受験者「あの、仕事が仕事なものですから」

＊『日本ニュース』No. 241（一九五〇年八月二二日）、日本映画社

このやりとりの空々しさは、主義や主張はともかくとしてそこに職を得ようとする若者と、それを取り巻く占領政策の転換や冷戦構造という、異なる位相の出会いを象徴している。

（原山浩介）

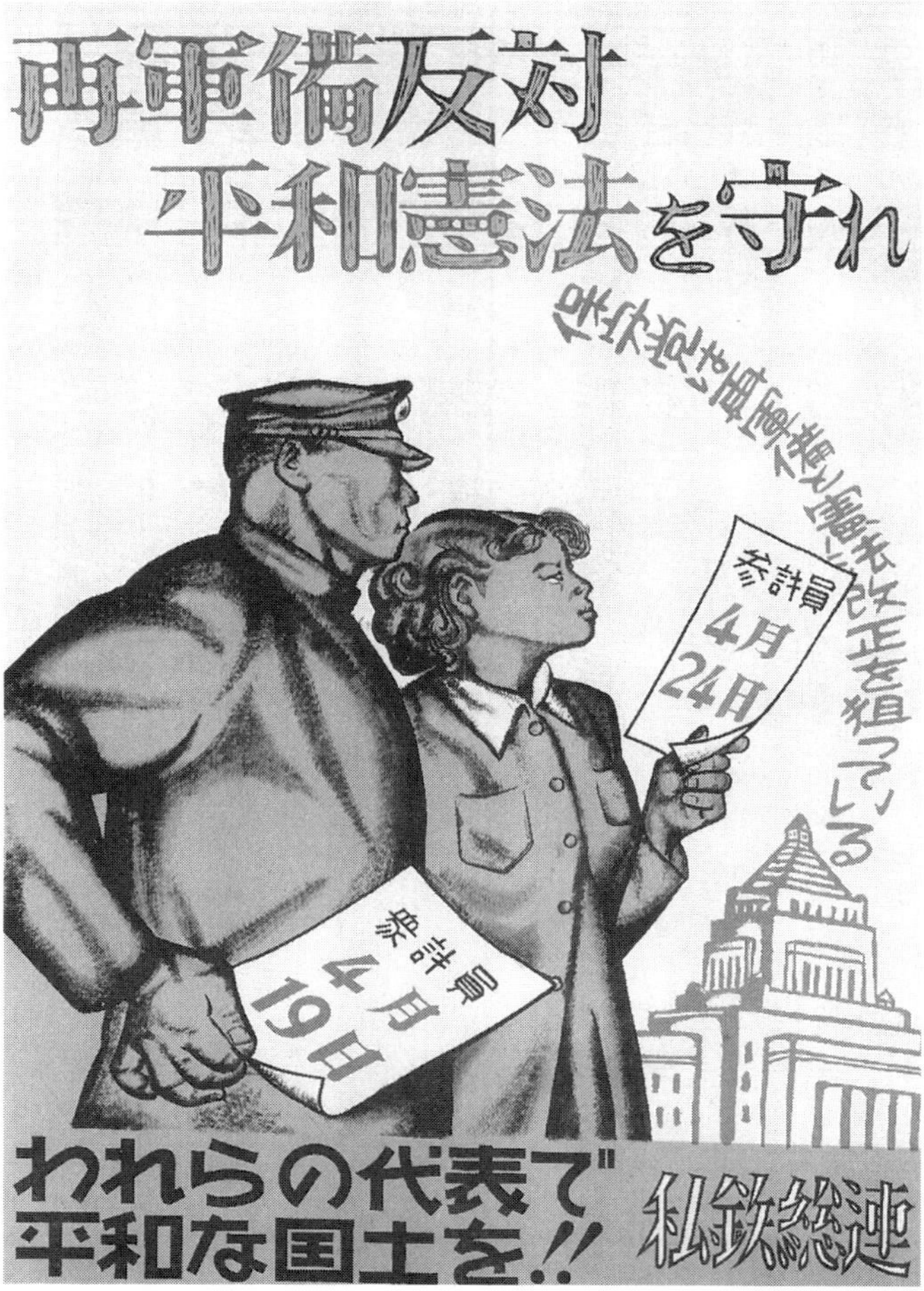

ポスター「再軍備反対　平和憲法を守れ」〈私鉄総連〉（歴博所蔵）

15、再軍備反対ポスター（私鉄総連）

日本国憲法第九条の「戦争の放棄」に、社会運動において焦点が当たり始めるのは、実は一九五〇年頃、すなわち朝鮮戦争が勃発し、警察予備隊が組織され、日本社会があからさまに冷戦構造に巻き込まれていくなかにおいてであった。それまでは、憲法九条の存在は、左翼運動においてすらさほどクローズアップされず、革新系の政党の中には、憲法制定時に、この九条に反対していたところもあったほどである。いうなれば、この条文の持つ意味が強く意識されるまで、五年の歳月がかかったということにもなる。

労働運動のナショナルセンターの一つ、総評（日本労働組合総評議会）は、一九五一年（昭和二六）に、再軍備反対を盛り込んだ平和四原則を採択し、労働運動のなかに平和運動を盛り込む形を取った。こうして、平和運動はある政治的な配置のなかに置き直されるとともに、戦後の社会意識とも密接な関わりを持っていくことになる。

（原山浩介）

16、占領下の外国人特派員

特派員クラブにおけるマッカーサーの会見（1947年３月17日）
（社団法人　日本外国特派員協会提供）

第６展示室の開室に併せて、特集展示「アメリカに渡った日本人と戦争の時代」を、二〇一一年四月三日までの約一年間に渡って実施している。この展示には、日本からアメリカへの移民を展示するばかりでなく、いくつかの「隠しテーマ」がある。その一つに、戦争を挟んだ時代を、日本に住む日本人や、アメリカに住むアメリカ人ではない、別の立場から見つめ直してみようという試みがある。

展示室の中には、占領期に日本で取材活動をした外国人特派員を扱ったコーナーがある。戦前に日本に住んでいた者、戦時下に交換船で母国に帰った者などを含む多くの特派員が、占領の開始とともに続々と来日し、日本で取材活動を始めた。

占領期の外国人特派員という、彼らの特殊な立場を追っていくと、占領期の日本の姿を通常とは違った視点から見つめ直すことができる。

例えば、右の写真は、ＧＨＱ最高司令官のダグラス・マッカーサーが、特派員クラブで記者会見を行ったときの写真である。この時マッカーサーは、何の前触れもなく、特派員クラブに姿を現したといわれている。この時、マッカーサーは、日本の記者たちには話していなかった事柄、例えば占領の早期終結（実際には長引くことになったのだが）など、貴重な情報を語りはじめた。突然のことだったので、手帳を用意していなかった特派員の中には、テーブルクロスにメモを始める者もいたという。

こう見ると、マッカーサーは外国人特派員を優遇していたかのようにも見える。しかし、ＧＨＱにとって都合の悪い記事を書く記者に対しては、厳しい態度を示した。イギリスのザ・タイムズの記者、フランク・ホーレーは、レッド・パージに関する記事を打電した。一九五〇年六月七日付で掲載されたその記事には、共産党員の追放やデモ・集会の禁止といったマッカーサーの司令が、日本国憲法に違反している疑いがあると記されている。この記事がもとで、ホーレーは、駐日英国連絡公館を通じて、日本からの追放を言い渡された。最終的には、追放を免れることができたものの、外国人特派員といえども、報道には一定の制約がかかっていたことがわかる。


（原山浩介）

特集展示室の構成

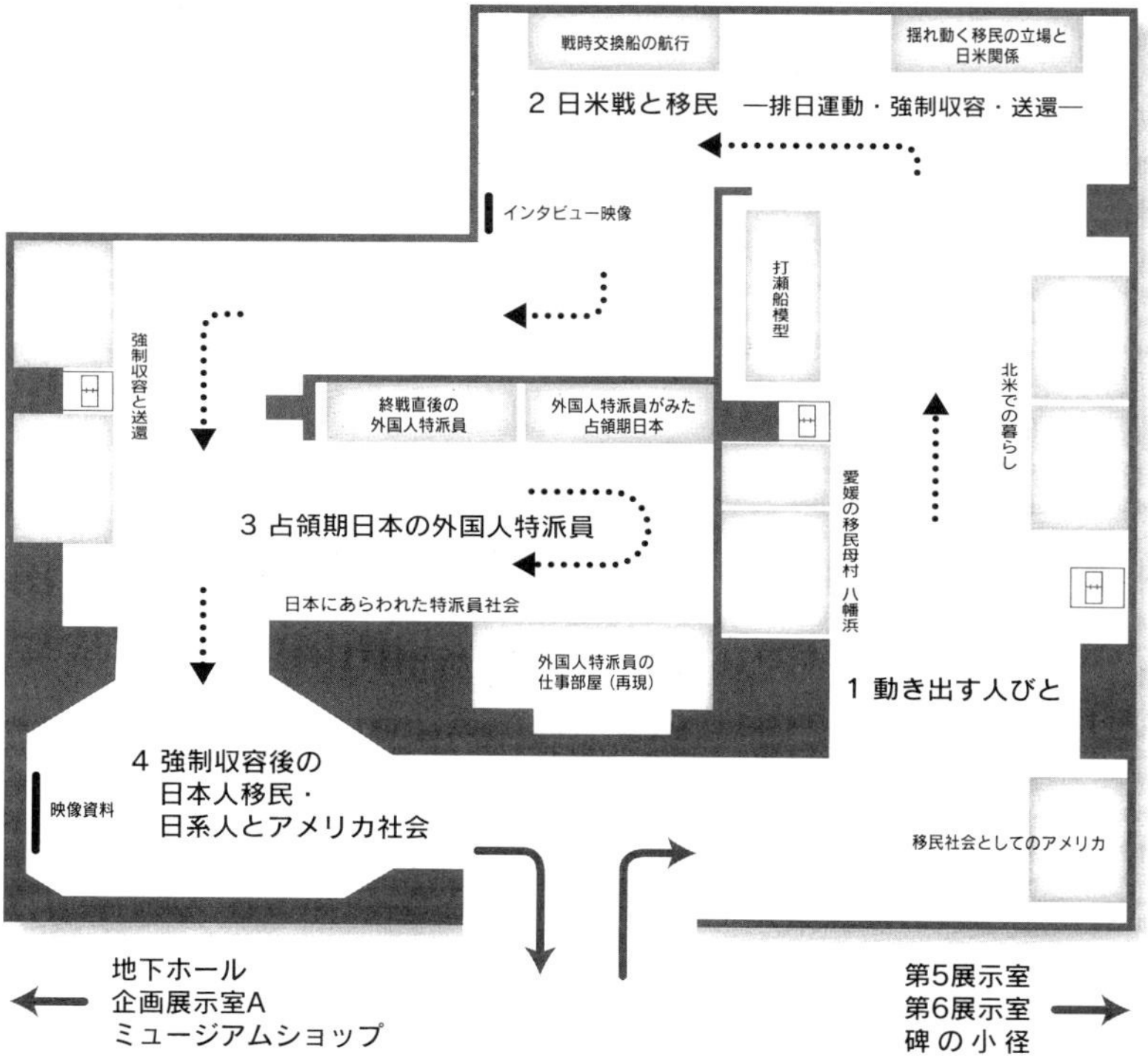
戦時交換船の航行
揺れ動く移民の立場と日米関係
2 日米戦と移民 —排日運動・強制収容・送還—
インタビュー映像
打瀬船模型
北米での暮らし
強制収容と送還
終戦直後の外国人特派員
外国人特派員がみた占領期日本
愛媛の移民母村 八幡浜
3 占領期日本の外国人特派員
日本にあらわれた特派員社会
外国人特派員の仕事部屋（再現）
1 動き出す人びと
4 強制収容後の日本人移民・日系人とアメリカ社会
映像資料
移民社会としてのアメリカ
地下ホール
企画展示室A
ミュージアムショップ
第5展示室
第6展示室
碑の小径

17、東京特派員クラブ

東京特派員クラブが入居していた当時の丸の内会館（社団法人　日本外国特派員協会提供）

終戦直後、連合国の外国人特派員たちは占領軍と共にやって来た。軍に属さない彼らに大切なことは、当面の宿泊所と活動拠点の確保であった。特派員たちは連合国軍最高司令官（ＳＣＡＰ）の報道発表をひたすら待つばかりでなく、自分たちが見聞きした情報を、いち早く本国へ送りたかったのである。最初は、帝国ホテルロビーの一隅。次は、軍に追い出されて新橋第一ホテルに移動。報道の自由を求める特派員とＳＣＡＰとの軋轢は絶えず生じていたが、占領地域の特派員の定員制限を巡って事件が起き、これを契機に特派員たちは団結した。一九四五年一〇月一五日、報道という立場を守るため、五八名の創立メンバーと二〇名の賛助メンバーが集って「東京特派員クラブ」を創ったのである。拠点としたのは、占領軍が未だ接収していなかった「丸の内会館」であった。この建物は、東京駅を皇居側に出て馬場先門から鍛冶屋橋に向かう通りにある、三菱地所「東七号館別館」であった。現在の丸の内三丁目、「新東京ビルヂング」の位置である。特派員たちが必要としたのは、常に確実に食事が出来る「MESS（軍食堂）」、一時的もしくは定住場所を得るまでの「宿泊所」、軍の監視を気にせず情報を収集し「自由に語る場所」であった。そして、その住所を「No.1 Shinbun Alley（新聞横丁一番地）」と決めたのである。クラブに集まった記者たちは「同じ条件のもとで、お互いに尊敬し、軽蔑しながら、住み、仕事しながら議論を楽しんだ」とヘッセル・テイルトマン（Hessell Tiltman）は語っている。また、彼らは「世界中で一番型にはまらない、活気あるクラブ」「戦争で疲れた特派員たち、世界一のレポーターたち、戦闘フォトグラファーたち、リベラル派、保守派、急進派のコメンテーターたち、世界で最も口先の上手いならず者たち、尊大なやくざたち」であったと、その時の支配人リチャード・ヒューズ(Richard Hughs)は述べている。

当時の外国人特派員の影響力は大きく、占領軍内部での覇権争い、日本の政治に干渉して政治家の公職からの追放、総理大臣の予定選出に影響を与えるなど、政治的に利用されることもあった。SCAPやマッカーサー司令官との交渉も行なった。特派員クラブには日本人も出入りし、ロビー活動の場所としての役割も果たしたのである。クラブは現在も、有楽町駅前の有楽町電気ビルヂング内に「社団法人日本外国特派員協会」として存続し、当時のままの住所で郵便物も届いている。

（横山學）

参考文献：横山學「創立期の東京特派員クラブとフランク・ホーレー」『生活文化研究所年報』第二十二輯、ノートルダム清心女子大学生活文化研究所、二〇〇九年。横山學『書物に魅せられた英国人』吉川弘文館、一九九六年。

18、東京特派員クラブの一室

特派員の部屋の再現（歴博所蔵）

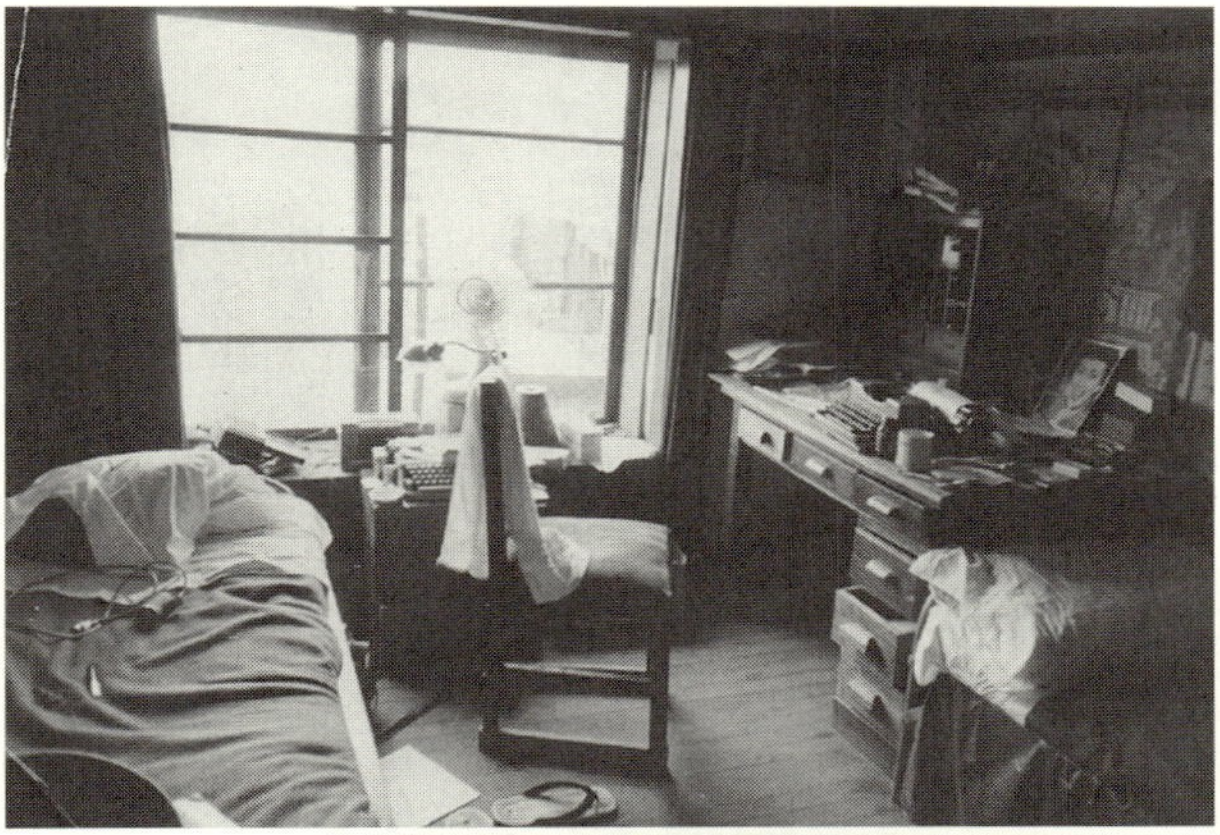

外国人特派員の部屋
（社団法人 日本外国特派員協会提供）

東京特派員クラブの当時の部屋を撮影した写真一葉が、日本外国特派員協会に残されている。東京特派員クラブが入った「丸の内会館」は、もとは洋食料亭「竹葉亭」であった。その和室の畳を剥がしたままの板の間。タイプライターや湯呑、筆記具が雑然と置かれた机。壁には浮世絵の「見返り美人」。身長に合わせて脚を継ぎ足した椅子。ベッドが二台。片方のベッド上には録音マイクが無造作に置かれている。窓辺にはもう一台のタイプライターと電気スタンド。扇風機が眩しい光を反射し、大きな草履が脱ぎ捨ててある。つい先ほどまで、徹夜で記事をまとめていた特派員の姿が思い浮かぶ。占領直後、沢山の報道記者がやって来たが、最初にたどり着く宿泊所はここであった。このタイプライターに向かって書いた「占領下の日本」の記事を世界中の人びとが読んだのである。

今回の展示では、ザ・タイムズ紙の特派員として活躍したフランク・ホーレーの遺品を用いて、特派員の一室を再現した。ホーレーは再来日するために、ザ・タイムズ紙の特派員となり、数か月の速習研修を受け、タイプライターから鉛筆にいたる事務用品一式のスターター・キットを携え、一九四六年七月、東京にやって来た。東京支局を朝日新聞社内に確保するまで、このクラブの一室からロンドンを通じて世界に、復興してゆく日本の様子を打電したのだった。マスコミ嫌いと言われたマッカーサーとも長時間にわたる単独会見を重ね、その占領政策をバックグラウンド・レポートとして本社に報告した。

再現した部屋には、パスポート・GHQの身分証・日本外務省の発行した特派員証、特派員クラブ内使用の日本円の金券、当時交換した名刺の一部などが並べられている。ホーレーが使用していた物と同じアンダーウッド社製のバーロック型タイプライター、ザ・タイムズ紙ロゴ入りの当時の便箋・封筒、鉛筆・クリップなどが机の上にある。また、ホーレーがロンドンへ打電した記事の原稿や掲載紙の切抜きは、その一室の近くに置かれている。戦前、銀座にあった英国文化研究所の所長であったホーレーは、開戦の日に逮捕され、日英交換船で帰国するまで巣鴨拘置所に拘留された。その時の体験の調書もあわせて展示している。

（横山學）

【報告者・執筆者紹介】　※報告・掲載順

浅井良夫（あさい　よしお）

成城大学経済学部教授
『戦後改革と民主主義―経済復興から高度成長へ―』吉川弘文館、2001年
『近代日本の軌跡6　占領と戦後改革』（共著　中村政則編）吉川弘文館、1994年
『現代日本経済史〈新版〉』（共著）有斐閣、2002年。

天野正子（あまの　まさこ）

東京家政学院大学学長
『「生活者」とはだれか―自律的市民の系譜』中央公論社、1996年
『フェミニズムのイズムを超えて―女たちの時代経験―』岩波書店、1997年
『老いの近代』岩波書店、1999年（『老いへのまなざし』平凡社ライブラリー、2006年所収）
『「つきあい」の戦後史―サークル・ネットワークの拓く地平―』吉川弘文館、2005年。

大串潤児（おおぐし　じゅんじ）

信州大学人文学部准教授
『一九五〇年代と地域社会―神奈川県小田原地域を対象として』（共著、森武麿編）現代史料出版、2009年
「戦後日本における「世代」論の問題領域」『歴史評論』698、2008年
『戦後経験を生きる』（共著　天野正子・大門正克・安田常雄編）吉川弘文館、2003年
「戦後の大衆文化」『日本の時代史26　戦後改革と逆コース』（吉田裕編）吉川弘文館、2003年。

趙　景達（チョ　キョンダル）

千葉大学文学部教授
『異端の民衆反乱』岩波書店、1998年
『朝鮮民衆運動の展開』岩波書店、2002年
『植民地朝鮮の知識人と民衆』有志舎、2008年
『アジアの国民国家構想』（共編著）青木書店、2008年。

横山　學（よこやま　まなぶ）＊付録執筆

ノートルダム清心女子大学教授
『書物に魅せられた英国人』吉川弘文館、1996年
「創立期の東京特派員クラブとフランク・ホーレー」『生活文化研究所年報』22、ノートルダム清心女子大学生活文化研究所、2009　ほか。

【編者紹介】

原　山　浩　介（はらやま　こうすけ）

1972年生まれ。

京都大学大学院農学研究科生物資源経済学博士課程修了（京都大学博士（農学））

国立歴史民俗博物館　研究部歴史研究系助教（共編著）

『食の共同体　動員から連帯へ』ナカニシヤ出版、2008

「20世紀における鉄道不在地域の観光地化過程—長野県戸隠をめぐって—」『国立歴史民俗博物館研究報告』（第155集）2010年　ほか。

歴博フォーラム　占領下の民衆生活

—総合展示第6室〈現代〉の世界②—

初版印刷　2010年5月20日
初版発行　2010年5月31日

編　者　国立歴史民俗博物館
　　　　原　山　浩　介
発行者　松　林　孝　至
発行所　株式会社　東京堂出版
　　　　101-0051　東京都千代田区神田神保町1－17
　　　　振替　00130-7-270

ISBN978-4-490-20694-4　C1021　Printed in Japan.